鄉土
非遺

U0106983

古樹發奇香

消失中的 香港客家文化

葉德平 邱逸 著

中華書局

□ 責任編輯：鄭傳鍏
□ 裝幀設計：李婧琳
□ 排　版：盤琳琳
□ 印　務：林佳年

古樹發奇香
——消失中的香港客家文化

□ 著者
葉德平　邱逸

□ 出版
中華書局（香港）有限公司
香港北角英皇道 499 號北角工業大廈一樓 B
電話：（852）2137 2338　傳真：（852）2713 8202
電子郵件：info@chunghwabook.com.hk
網址：http://www.chunghwabook.com.hk

□ 發行
香港聯合書刊物流有限公司
香港新界大埔汀麗路 36 號
中華商務印刷大廈 3 字樓
電話：（852）2150 2100　傳真：（852）2407 3062
電子郵件：info@suplogistics.com.hk

□ 印刷
美雅印刷製本有限公司
香港觀塘榮業街 6 號 海濱工業大廈 4 樓 A 室

□ 版次
2016 年 10 月初版
© 2016 中華書局（香港）有限公司

□ 規格
16 開（230 mm × 170 mm）

□ ISBN：978-988-8420-25-4

序一

　　曾經，客家人遍佈香港各處，是這地域的兩大族群之一。

　　香港的客家人有源遠流長的歷史，明代以前已經有客家人在這地域開基立業。清初在東南沿海執行遷界政策，使這地域自宋明以來建造的人文地貌在一夜之間化為草莽！這是香港歷史的一大轉折，也是客家族群的重大轉機。復界之後，朝廷為了恢復沿海各地生機，於是以優惠政策鼓勵江西、福建、廣東等地客籍人士南來開村；結果數以百計客家村莊於康熙至清末的二百多年之間遷入香港地域，成為今日香港原居民的骨幹。

　　康熙二十七年（1688年）勒文謨重修《新安縣志》，開列新安縣村莊名稱，並無「本地」、「客家」村莊之分；可見香港的客家人在康熙時期仍只佔少數。嘉慶二十四年（1819年）舒懋官重修《新安縣志》，在「官富司管屬村莊」表下列出「官富司管屬客籍村莊」附表，記載以百計客家村莊名稱，可見當時在新安縣地域的客家人已經成為當地的主要族群。事實上，嘉慶時期是客家人在香港發展的黃金時期；嘉慶《新安縣志》成書之後的幾十年間，有超過二百個客家村莊在香港開基立業。

　　今日新界的客家族群是香港歷史的見證，也是香港傳統文化的源泉之一。客家人在香港留下了大量珍貴的文化遺產，不但延展了商業社會的文明深度，也為香港人塑造了立體的身份認同。

　　葉德平、邱逸二君多年來從事香港歷史文化研究，成績有目共睹。本書是兩位的有心力作，以文字為香港保留日漸消逝的客家文化；其文可觀，其志可嘉；謹綴數語以表敬意，並為序。

嶺南大學香港與華南歷史研究部主任

劉智鵬

序二

中 西 文 化 ── 超 越 文 化

西貢鹽田梓村融合着中西文化，既有中國客家文化亦有濃厚的天主教色彩。

我作為鹽田梓村民的一分子，過去十多年有幸參與其中發展，藉着大家的共同努力，使一個荒島轉變成為一個充滿活力，充滿生機的美麗小島。而《古樹發奇香──消失中的香港客家文化》的研究，更幫助我們多一個層面超越文化。從宏觀的角度，幫助我們深透了解客家文化之餘，亦可超越客家文化，因為客家人經歷不同朝代，不同地域，穿越不同空間與不同民族，共存生活，從而變成一個不斷轉化而充滿時代感的動態民族。從微觀的角度，「客家族群和香港、圍名歌、天主教和鹽田梓、鹽田、舞麒麟、圓籠茶粿、花帶和點燈」，從一些平凡的生活習慣，散發出生命的智慧。使我們共享「天下一家」的文化。因為在發展過程中，有很多不同人士參與，各展其長，使我們明白，大家同屬天空下的一個互助互愛的大家庭。

《古樹發奇香──消失中的香港客家文化》是一本充滿人情味，富歷史價值的研究作品，對願意豐富生命的人定會產生效果。我極欣悅地推介這本充滿鄉情，富有生命力的好書。

天主教香港教區副主教
陳志明神父

序三

鄉土・非遺系列第一炮

此時、此刻講「本土」，大抵沒有人敢說不對。近年來，本土議題大熱，社會大眾開始關注文化保育，從天星皇后到皇都戲院，一波接一波的民間自發保育運動。香港歷史文化書籍如雨後春筍紛紛進駐書店，不再視之為小眾趣味，很多的也能打入銷量榜。作者不獨是學院派，選題趨向愈寫愈專；民間研究者另闢新徑，往往發前人所未發。

至於「非遺」此題材始終尚待開發的樂土。2006 年 4 月，香港特區政府正式確認《保護非物質文化遺產公約》有效適用。非遺十載，香港已有 10 項非遺項目列入國家級非物質文化遺產名錄，[1] 普查全港非遺項目共有 480 項。康樂及文化事務署轄下非物質文化遺產辦事處正式啟用，民間組織如長春社文化古蹟資源中心亦獲資助，重點推廣香港非物質文化遺產。但是，鮮有介紹全港非遺普及讀物面世，只有個別項目（如：盂蘭勝會）受人青睞。

「非遺」本身是嶄新的概念，其定義為「被各群體、團體、有時為個人視為其文化遺產的各種實踐、表演、表現形式、知識和技能，及其有關的工具、實物、工藝品和文化場所。」一般人根本解不通、摸不着頭緒。簡言之，非遺就是前人於日常生活中的種種實踐，亦即是他們累積的生活經驗和智慧。由於香港地理位置及歷史背景特殊，多元文化得以保存和發展，隨着社會發展當中不少非遺項目正面對「消失中」的命運。

1　其中 2 項是粵、港、澳三地聯合申報，分別是粵曲和涼茶配方。

　　正值此際，《古樹發奇香——消失中的香港客家文化》面世正好為本土非遺研究補白。葉德平兄和邱逸博士身兼兩家之長，既有學術根底，且有民間研究者探究精神，時常走訪新界村落，深耕細作，採集口述歷史，無疑開拓新的研究道路。本人衷心希望此書只是《鄉土・非遺》系列第一炮，其後兩位學者定能「長著長有」，繼續發掘更多存活於社區中的非遺項目。

　　　　　　　　　　　　　　　　長春社文化古蹟資源中心副執行總監
　　　　　　　　　　　　　　　　黃競聰

前言

鄉 土 有 界　　非 遺 無 疆

　　近幾年，隨着我們把更多精力放在香港史的研究和普及上，發現這裏真的是學問處處，驚喜連連，我們題目愈做愈小，發現卻愈來愈多，幾近不能自拔。

　　我們先從整個東亞出發，探討 1941 年香港保衛戰的英日博弈；[1] 再從香港之戰，深入新界村落去搶救香港游擊老兵們的記憶；[2] 再從廣闊的新界地區，走入大嶼山的梅窩，去探討一地的百年之變。[3] 不經意的，我們走出了一條脈絡：從宏大的史事敍事，到普通人的口述歷史，到小村落的百年興衰，再到客家族群物事的追根究柢。而這些物事有一個更時髦、更動聽的描述：非物質文化遺產（下稱「非遺」）。

　　因此，我們把這系列著作稱為「鄉土・非遺」。鄉土，老套得無以名狀；「非遺」，時髦得不明所以；一舊一新，又互為訓注──既是舊物新姿，又是活化保育。套用《圍名歌》（《竹枝詞》）的一句，真可謂「古樹發奇香」。[4]

1. 香港與「非遺」

　　鄉土的「非遺」是無形的文化遺產，是古老而又鮮活的歷史文化傳統，2006 年「聯合國教科文組織」的《保護非物質文化遺產公約》生效。一時間，「非遺」成了顯學。公約要求「各締約國應在社區、群體和相關非政府組織的參與下，確認和確定境內各種非物質文化遺產項目，以編制非物質文化遺產清單，作為保護的基礎」。自此，香港開展相關民間民俗藝術專案的挖掘、整理

和申報，於 2014 年 6 月按照《公約》的五個類別，公佈〈香港首份非物質文化遺產清單〉（下稱「清單」），[5] 共收錄有代表性「非遺」項目 480 項。[6] 由名單可見，香港有著豐富的「非遺」資源，而這些資源大多數都來自新界的鄉土。

可喜的是，政府更加重視對「非遺」項目的保護與傳承，讓市民大眾清楚認知「為什麼要保護「非遺」」、「保護什麼」和「怎樣保護」的問題。可同時，我們也發現不少「非遺」項目卻漸漸呈現衰敗之勢，甚至已被人們遺忘。香港政府雖然出了「清單」，但「非遺」的認識、保育遠遠沒有形成全民關心、全民參與的氣氛。市民對「非遺」知識知之甚少，對「清單」上有哪些分類都無從談起。儘管民間也曾舉辦過「非遺」展，但參與者少，了解者更鮮；而更多市民認為「非遺」保護工作只是政府部門的事情。

更嚴重的，是「非遺」自身的傳承問題。一是許多「非遺」的承傳人還沒想到要保護「非遺」項目，沒有形成濃厚的「非遺」承傳氛圍；於是，「非遺」傳承與保護缺少完整的規劃體系，全憑承傳人的一己熱誠來保護。而「非遺」保護工作很多時還停留在搜集、整理、存檔、申報等環節上，很少以現代資訊方法保護和普及。二是傳承人大多數年齡偏大，如本書所介紹紮花燈的水叔（吳水勝）為例，他已年逾 90，後輩不願傳承，年邁的水叔也難再開班授徒。光靠少數幾個人的熱情與努力是難以維繫的，三是「非遺」的藝術創造力和文化價值得不到社會的認可和尊重，傳承人缺少生活保障，因而沒有年輕人願意投入，以至於「非遺」保護出現前景堪憂、人才缺乏的現象。

2.「非遺」與我們

這幾年，因為「十八日戰爭」、「東江縱隊」及「梅窩百年」幾個研究項目的關係，我們接觸了一群與香港命運緊繫一起的客家人。也因此認識了許多來自鄉土的「非遺」項目，更加了解到「非遺」項目面臨的發展希望和困難。香港的客家「非遺」項目由於「家族觀念」（如成、張互拜）、「血緣關係」（如

元宵點燈）和「傳承方式」（如紮花燈）等限制，其中的技術、技能很多都是以父子親緣和師徒傳授等模式傳承，學會這些技術、技能的人本身就是少數。加上地區發展、地處偏遠、使用日少，令這些技術、技能本身傳播面窄、認知度低。此外，如《圍名歌》等是口耳相傳，很少有較完整的圖文資料，整理為「非遺」項目後，大眾往往徒知其名，而不知其實。

有見及此，本書嘗試重新整理、挖掘現有客家部分「非遺」項目，把那些瀕臨被遺忘的「非遺」項目，以文字、圖片，甚至片段呈示讀者目前，既讓讀者一睹項目真象，也一同思考、一同探討其保育與發展的問題。與此同時，我們更期望以「鄉土 · 非遺」系列作為教材，引領年青一代認知這些植根本土的事與物，俾使他們能用溫良廣博的視野看待這一切。

僅把各章次和清單關係表列於下：

章節名稱	清單項目	清單類別	清單內容	清單編號
第 1 章〈傳統歷幾秋——客家族群和香港〉	客家族群的移民史，論述其與香港的繫連。			
第 2 章〈歌唱夕陽天——圍名歌〉	圍名歌 / 竹枝詞	表演藝術	竹枝詞是以七字句寫成的篇章，內容以介紹香港地方和鄉村為主，從前新界客家村民在餘暇或旅行時詠唱竹枝詞。現在多以表演形式演唱。	2.16
第 3 章〈行過下洋來——天主教和鹽田梓〉	鹽田梓聖約瑟小堂的主保瞻禮	社會實踐、儀式、節慶活動	西貢鹽田梓聖約瑟小堂於每年五月，舉辦主保瞻禮，此為天主教的儀式活動。	3.22
第 4 章〈討海亦皆能——鹽田〉	鹽曬製技藝	傳統手工藝	大澳曾是香港的主要鹽場，產鹽供食用及醃製鹹魚之用。鹽工掌握「水流法」和「沙漏法」的曬鹽技術。	5.97
第 5 章〈兩姓一帶連——舞麒麟〉	客家舞麒麟	表演藝術	新界的一些客家鄉村及群體以舞麒麟來慶祝節日、神誕、慶典或婚嫁儀式。客家麒麟有其獨特的舞動方式及音樂節奏。	2.4.2

第 6 章 〈 節 慶 景繁華——圓籠 茶粿〉	茶粿製作技 藝	傳統手工藝	茶粿是由糯米粉和餡料製成的 食品，為新界鄉村成員於農曆 新年製作的新春小食，亦是祭 祀的供品。	5.24
第 7 章 〈 牽 情 飾野粧——花帶 和點燈〉	燈帶編織技 藝	傳統手工藝	客家婦女以不同顏色的線編織 出彩帶，供添丁家庭在點燈儀 式時掛於添丁燈上。燈帶的 客家語為「帶仔」，寓意養大 兒子。	5.72
	沙田小瀝源 村點燈	社會實踐、 儀式、節慶 活動	沙田小瀝源村於每年農曆正月 十四至十五日籌辦點燈，內容 包括開燈和點燈儀式。	3.5.8
	花燈	傳統手工藝	花燈用於農曆新年、中秋節或 慶祝添丁的活動中，亦有稱之 為「宮燈」。傳統的花燈以竹 篾及紗紙製成，並以蠟燭作為 光源。製作工序包括開篾、剪 紗紙、紮作外殼、「芒」布、 裝飾、題字、繪燈畫和裝嵌等。	5.41.4

3. 我們與銘感

　　本書論及多個「非遺」項目，牽涉大量文獻整理與田野考察工作；而這並非僅我們二人力所能及的。本書能夠順利完成，實有賴各位專家學者、朋友的支持與幫助。於此，我們想向他們一一道謝。

　　首先，必須要感謝本地客家文化研究者徐月清女士的幫助。2012 年，因為前作《圍城苦戰——保衛香港十八天》，我們認識了徐女士。我們三人，從香港保衛戰談到東江縱隊，又從東江縱隊談到客家文化。徐女士不但啟發了本書的創作，而且更給予大力支持。在她的穿針引線下，我們親履許永慶（《圍名歌》作者）踏過的土地，考察了各個客家村落的風俗人情，為整個研究奠下殷實的基礎。

　　其次，很感謝香港歷史文化研究會同工的協助。本着「以香港作為交流平台，推廣、普及歷史文化」的宗旨，2015 年，我們毅然創立了香港歷史文化研究會，而《古樹發奇香——消失中的香港客家「非遺」》順理成章成為了本會的第一個研究項目。其中，有賴本會同工付出不少努力，這個研究項目才能順利完成：羅子鍵先生認真審閱和校對，為本書作最嚴謹的把關。黎鎬文先生負責〈行過下洋來——天主教和鹽田梓〉、〈討海亦皆能——鹽田〉、〈兩姓一帶連——舞麒麟〉三章；黃浩婷小姐負責〈歌唱夕陽天——圍名歌〉與〈牽情飾野粧——花帶和點燈〉二章；葉翠婷小姐負責〈傳統歷幾秋——客家族群和香港〉；蘇美靜小姐負責〈節慶景繁華——圓籠茶粿〉；他們四人都擁有良好的文獻整理能力、廣博的學識，又不辭勞苦，跟隨我們四處奔波，遊走於城市與鄉土之間。還有，感謝黃嘉琪小姐幫忙拍攝各個村落，為本書增色了不少。香港歷史文化研究會同工的熱誠、專業，為本書注入了很大的動力。

　　最後，十分感謝諸位受訪者，包括：香港天主教教區副主教陳志明神父及香港中文大學天主教研究中心主任夏其龍神父，他們提供了許多香港天主教及西貢傳教活動的資料；孟公屋村的成漢強議員、成蘇玉先生及其兩位公子、大旗嶺村的黃柏仁先生、余中哲先生，他們詳細地解說麒麟舞及「開光」儀式；小瀝源村的吳水勝先生（水伯），他告訴了我們許多花燈紮作知識；以及，同樣是小瀝源村的蔡清妹女士，她與其表妹徐月清女士一同教授了我們織帶與客家歌謠的知識。此外，不得不提鹽田梓村的陳家傑先生（傑仔）也幫助了我們不少，在他的安排下，我們一同製作了兩呎直徑「客家圓籠茶粿」，也一同把滿溢的祝福送到西貢坊眾手上。

　　當然，還有許多默默地為本書貢獻的人，包括了我們的家人、朋友；今天不能一一鳴謝，然而，你們的支持、你們的鼓勵，我們都會銘記心中。雖然本書並非學術大作，但是卻寄寓了我們對香港歷史文化普及工作的熱忱。

　　囿於我們的學識，書中或有訛誤不正之處，懇祈各方賢達先進包容，不吝指正，讓本書能精益求精。

葉德平、邱逸

2016 年 6 月 6 日

註釋

1　邱逸、葉德平、劉嘉雯：《圍城苦戰──保衛香港十八天》，香港：中華書局，2013 年。

2　邱逸、葉德平：《戰鬥在香港──抗日老兵的口述故事》。香港：中華書局，2014 年。

3　甘水容、邱逸：《梅窩百年──老村、荒牛、人》，香港：中華書局，2016 年。

4　原句出自〈西貢六約竹枝詞集圍名（十九首）〉的首句：「井欄樹茂發奇香。」，詳見第 2 章〈圍名歌〉。

5　詳見於：http://www.heritagemuseum.gov.hk/zh_TW/web/hm/cultural/inventory. html。

6　包括口頭傳統和表現形式 21 項，表演藝術 34 項，社會實踐、儀式、節慶活動 292 項，有關自然界和宇宙的知識和實踐 6 項和傳統手工藝 127 項，合共 480 項。

目錄

序 1　劉智鵬　/I

序 2　陳志明　/II

序 3　黃競聰　/III

前言　/V

第 1 章　傳統歷幾秋──客家族群和香港　/002

第 2 章　歌唱夕陽天──圍名歌　/034

第 3 章　行過下洋來──天主教和鹽田梓　/074

第 4 章　討海亦皆能——鹽田　/092

第 5 章　兩姓一帶連——舞麒麟　/120

第 6 章　節慶景繁華——圓籠茶粿　/144

第 7 章　牽情飾野妝——花帶和點燈　/160

第 1 章

傳統歷幾秋
——客家族群和香港 [1]

在香港，每個人都曾經是客家人。

香港位於珠江口東側，由香港島、九龍半島和新界三個區域組成，是嶺南的臨海之地，這裏的村民，即使住在最古老的村落，都總能追溯自己的根在大陸某地。而順治、康熙兩朝的遷海更清空了香港，所以，如果從宏觀的角度來看，生活在香港這片土地上的人都可以說自己是「客家人」。著名學者羅香林教授就曾指出，宋代從中原南遷來港的人都符合客家人的定義，所以，很多人以為所有新界人都是客家人。

不過，歷史的發展、言語風俗的差異和不同時期到港的經歷，使香港的不同族群有明顯的區分。

我們在撰寫紀念抗戰勝利 70 週年的作品《戰鬥在香港——抗日老兵的口述故事》時，[2] 已經滋生不少關於「客家」的迷思：

- 東江縱隊港九獨立大隊成員不少都是客家人，這是巧合抑或另有他因？
- 客家人和本地人為何格格不入？兩者好像有一條難以跨越的鴻溝。

● 上一代客家人皆能保留客家語，但為何年青一代卻只能以廣府話溝通？

● 戰後港英殖民政府曾聘用大量客家人加入警隊，實行「以客制客」，客家人對港英政府而言究竟扮演着何等角色呢？

● 客家村落常面臨遷移，如荃灣的關門口等村、梅窩的石壁村或西貢的萬宜村等，原因何在？

❖ 1947 － 1952 年，客籍老兵李志應曾當過警察。

通過一系列的人物訪問和史料爬梳，我們逐漸勾勒出這個特殊群體在香港歷史中的角色，而最早辨認出客家人的是來華傳教士。

一、辨出客家人

有關香港客家人的記載，最早見於 19 世紀中葉，基督教巴色傳道會（Basel Evangelical Missionary Society）牧師郭士立（Rev. Karl Friedrich August Gutzlaff）通曉閩、粵地區方言，他留意到廣東有被稱為「客人（Kea-jin）」的人群，在

巴色傳道會，或稱巴色差會，Basel Mission 創立於 1847 年，由德國及瑞士教會所組成。1847 年，巴色傳道會差派韓山明牧師（Rev. Theodore Hamberg）及黎力基牧師（Rev. Rudolph Lechler）二人來華傳教，巴色會早期以客家人群體為宣教對象，以香港為基地，向華南地區的城市及村落宣講福音，建立教會，並開辦醫院及學校。

珠江、東江、韓江一帶的地區活動。這是較明確提出「客人」概念的首例。之後，同一教會的韓山文牧師（Rev. Theodore Hamberg）在 1854 年的《太平天國起義記》一書中，記錄了客家人（Hakka）與廣西本地人械鬥的一段歷史。文中用音譯的「Hakka」取代意譯的定居者（settler）作為一個獨特群體的稱呼。隨後，禮賢傳道會（Rhenish Missionary Society）的高懷義牧師（Rev. Rudolph Krone）於 1859 年發表文章，將 Hakka 這個發音記號，直接當作一個群體符號使用。[3] 客家人（Hakka）也正式登上了研究舞臺。

❖ 圖中集齊了新界地區傳統客家農民的耕種用具。

1895 年，曾在香港政府任職的歐德禮（E. J. Eitel）出版了《歐西與中土》（*Europe in China*）一書。他將在香港島和九龍居住的中國人分成三個種族（races），即本地（Puntis）、客家（Hakkas）和鶴佬（Hoklos）。

這分法在 1898 年英國政府租借新界後，在行政上得以
應用。英國於 1899 年正式佔領新界前，派遣輔政司洛
克（],H. Stewart Lockhart）對新界地區進行了勘查。他
在調查報告中，將漢人居民根據語言劃分為三個種族
（races）:「本地」、「客家」與「蜑家」（即水上人），
並且仔細地加以統計和記錄了各村落的人口組成。[4]

　　大抵而言，英國人根據語言，將新界居民分為四
類：即本地人、客家人、鶴/福佬人和水上人。可見
殖民者早已能從語音、風俗和地理方面，清楚辨認出
不同的漢人族群，並通過不同的政策分而治之。

「鶴佬」，又稱「學佬」、
「福佬」、「河洛」。原意是
指閩南人，但在香港更多是
指操閩南話的族群，如福建
人、潮州人，因為閩南語的
「福」字發音與粵語的「鶴」
字發音相近，故本地人稱他
們為「學佬」、「鶴佬」。

二、誰是客家人

　　既在討論客家文化，我們要先分出何謂客家人，
又何謂本地人，他們是不同時代的移民，相距數百
年，涇渭分明，互為防備。香港之所以會有客家人的
出現，實是因清初的海禁和復界所致。

　　香港明朝時原屬廣東省新安縣，明神宗萬曆元年
（1573 年）新安縣由東莞縣析出：

　　新安，漢博羅縣地。晉咸和六年（331 年），置
東官郡，治寶安。隋廢郡，屬南海。唐至德二年（757
年），改名東莞。明萬曆元年（1573 年），析東莞，置
新安縣。東莞，康熙八年（1669 年）復置。[5] 又記。
康熙五年（1666 年）省新安入東莞。康熙八年（1669
年）復置新安縣。[6] 人口方面，新安縣戶口在明萬曆元

年（1573 年）為 7,608 戶，人口約 33,971 口。[7]

清人入關後，明朝殘餘勢力退至南方和沿海，特別是鄭成功等部隊據台灣而和清兵周旋，為對付鄭成功的海上勢力，清廷採取堅壁清野的戰略，於順治十三年（1656 年）下海禁敕諭：

> 浙江、福建、廣東、江南、山東、天津各督撫鎮，海逆鄭成功等竄伏海隅，至今尚未剿滅，必有奸人暗通線索，貪圖厚利，貿易往來，資以糧物，若不立法嚴禁，海氛何由廓清？自今以後，各該督撫鎮，着申飭沿海一帶文武各官，嚴禁商民船隻私自出海。有將一切糧食貨物等項，與逆賊貿易者，或地方官察出，或被人告發，即將貿易之人，不論官民俱行奏聞處斬，貨物入官，本犯家產盡給告密之人。其該管地方文武各官，不行盤詰擒緝，皆革職從重治罪。地方保甲通同容隱，不行舉首，皆處死。凡沿海地方大小賊船，可容灣泊登岸口子各該督撫鎮務要嚴飭防守。各官相度形勢，設法攔阻，或築土壩，或樹木柵，處處嚴防，不許片帆入口，一賊登岸。如仍前防守怠玩，致有疏處，其專汛各官，即以革法從事，該督撫鎮一併議罪。爾等即遵諭力行，特諭。[8]

順治十七年（1660 年）9 月，總督李率泰上疏曰：

遷界又名遷海令、海禁令，清政府為對付明朝遺臣鄭成功在台灣的鄭氏王朝，以斷絕大陸沿海居民對其之接濟，於順治十八年（1661 年）及康熙三年（1664 年）下令從山東省至廣東省沿海的所有居民內遷（從瀕海 30 里左右，到瀕海 40 里、50 里、乃至到 200-300 百里不等）並將該處的房屋全部焚毀，以及不准沿海居民出海的措施。措施使華東至華南沿海地區的漁業和鹽業廢置、田園荒蕪，沿海居民流離失所，深受遷海之苦。當時不少地方官員，包括廣東巡撫王來任、廣東總督周有德，均極力請求複界。到了康熙八年（1669 年），由於朝廷認為措施已收成效，加上不想繼續影響沿海地區的民生，終於允許復界。遷海令於順治十八年（1661 年）頒佈，康熙廿二年（1683 年）終止。

「海氛未靖，應遷同安之排頑、海澄之方田沿海居民八十八堡，及海澄內地，酌最安插。從之。」[9] 到順治十八年（1661 年）依南明降將黃梧之議，頒佈「遷界令」，強令自山東至廣東沿海 5 省居民內遷 50 里。

不過，清廷已發現「遷界令」帶來一系列問題：「前因江南、浙江、福建、廣東瀕海地方，逼近賊巢，海逆不時侵犯，以致生民不獲寧宇，故盡令遷移內地，實為保全民生。今若不速給田地居屋，小民何以資生？着該督撫鎮察酌給，務須親身料理，安插得所，小民盡沾實惠，不得但委屬員，草率了事，爾部即遵諭速行。」[10]

康熙三年（1664 年），再下令內遷 30 里。新安縣三分之二轄區為之淨空，遷海令對沿海百姓的禍害卻非常巨大，幾近哀鴻遍野。

> 養生無計，爰有夫棄其妻，父別其子，兄別其弟。且為夫者哭而送其妻曰：汝且跟別人為婢以免死。為父及兄者，泣而命其子若弟曰：汝且儲工於他族，以養汝生。時豪民富客，常有不用貸買而拾餐遷民子女者，奚啻千百焉。至於壯年之民，散投各營以圖養口，其餘乞食於異鄉者沿途皆是，輾轉於道旁者何處蔑有。又間有重廉恥者，行乞不忍而又無復計出，遂自取毒草研水，犁家同飲而歿。[11]

屈大均《廣東新語》說廣東省的情況：「東起大虎門，西迄防城，地方三千餘里，以為大界。民有闌出呎尺者執而誅戮。而民之以誤出牆外死者又不知幾何萬矣。自有粵東以來，生靈之禍莫慘於此。」[12] 反映在人口上，新安縣戶口大跌至 2,966 戶，人口則是 6,851，其中男丁 5,567，女子 1,284。康熙元年（1662 年）及三年（1664 年）的兩次遷析，人口尚存 2,172 人。[13] 清初新安縣戶口數目更詳細的資料見於《廣東通志》，新安縣在康熙元年（1662 年）至十一年（1672 年）間實在人丁為 3,972 人。[14] 導致於康熙五年（1666 年）一度廢縣，併入東莞縣。

康熙七年（1668 年）正月，巡撫王奏乞展界……康熙八年（1669 年）正月，

展界，許民歸業，不願者聽，民踴躍而歸，如獲再生⋯⋯康熙二十一年（1682
年），台灣平。大奚山（按：今大嶼山）諸島盡復業居往耕種。遂撤海禁，令船
隻捕取魚蝦如舊」。[15] 到了康熙二十二年（1683 年），依福建總督姚啟聖之請頒
佈「復界令」，才恢復新安縣。百姓迎來回歸祖地機會，10 月兵部議請各省開
界。「得旨：江南、浙江、福建、廣東沿海田地，可給民耕種⋯⋯遂盡復所棄地
與民，各就地險易，撥置戍兵，疏上報可。自是沿海內徙衛所、巡司、墩台、烽
喉、寨堡、關隘，皆改設於外，略如明初之制。」[16]

　　到康熙二十三年（1684 年），部分回歸故土的百姓對康熙的復界感恩戴德。
「福建、廣東兩省沿海居民，群集跪迎，皆云：我等離鄉土二十餘年，已無歸鄉
之望。幸皇上威德，削平寇盜，海不揚波，今眾民得遠故土。保有室家，各安生
業。仰戴皇仁於世世矣。」[17]

　　不過，經數十年禁令，原來的居民人口不足，諸鄉久遷未復，田盡荒廢。[18]
僅康熙二十三年（1684 年），遷移到新安縣的人丁只有 134 人，二十四年（1685
年）則只有 107 人。[19] 清廷於是鼓勵廣東福建居民南移，西南諸鄉遷民，盡復
業。[20] 廢除海禁與重置新安縣後，除了原居民回流，清朝亦致力於招民開墾軍
田，原居梅州、潮州、惠州地區的客家人則紛紛走出山區，人口中空的新安縣正
是客家人主要的移民區域。

　　新安縣經多年休養生息，移民開墾，至嘉慶二十三年（1818 年）人口已達
225,979，其中男丁 146,922。女則有 79,057。[21] 可見在不到 200 年間，新安縣人
口由 3000 多升至近 23 萬，這些增長的人口，既有本地人回流故土，也有新移民
遷入香港的。而那些新移民就是客家人，散落在新界和九龍一帶數百座村莊，[22]
他們務農為生，在人數和經濟能力上可以和本地人抗衡，不但沒有被同化，而且
把山區文化融入本地生活，並發展出獨具特色的香港客家文化。另一部分則遷到
香港島。這就是今日香港客家原居民的起源。因此，客家人是專指清「遷界」以
後來到香港定居的居民，即自 1683 年至 1750 年間從粵東移民到香港的群體，也
有少數在 1800 年以後才遷入。他們主要住在新界，至於港島和九龍的客家人，

❖ 傳統客家農居的廚房。

因不受港英法律保護土地擁有權，大多早被同化了。

　　要區分本地人和客家人，第一點是在來港年份上。本地人的祖先在宋初到明初期間來到香港，他們及其後裔在香港有接近一千年的歷史。籍貫上，本地人祖籍一般是江西、廣東、福建，他們在宋代遷港，帶來了宋代的官話。他們再跟附近的東莞、廣州人接觸，通婚將近一千年，結果他們的語言風俗習慣跟珠江三角洲的廣府人相差不大。本地人操一種屬於粵語系統的方言，他們自稱「本地話」，是一種類似廣府話的土粵語方言，一般稱為「圍頭話」，跟客家話的關係不大。

　　客家人的祖先主要是在清康熙復界時，從粵東的五華、興寧和梅縣等地方遷移過來的，他們居港接近 300 年。當時的客籍移民在港九新界建立了多條村落，遍佈香港的每個角落，而客家話更一度成為香港

　　客家話，又稱「客家語」，簡稱客語（Hak-ngi），在部分地區還稱「涯話」、「新民話」、「惠州話」等，是漢藏語系下漢語族內一種聲調語言。客家語言一般認為在南宋便初步定型，直到 20 世紀才開始定名為客家語，是漢語 7 大方言之一。客家話集中分佈在粵東、閩西、贛南，並被廣泛使用於中國南方以及馬來西亞等國一些華人社區。歷史上，客家話曾是太平天國的「國語」，廣泛用於其官方文書中。因客家人傳統地區長期處於封閉狀態，客語的傳承曾一度依賴於不受外界干擾的封閉社會和口口相傳的嚴厲祖訓。隨着社會的發展，傳統的封閉社會被快速的城市化瓦解，傳承客語的傳統法則也在資訊時代逐漸被拋棄，客語因此成為世界上衰落最快的語言之一。

楊家村：楊家村主樓「適廬」，位於元朗十八鄉楊家村，始創於 1936 年，業主是原籍梅縣的兩名印尼客籍華僑楊衛南及楊竹南兄弟。楊家村建築物屬客家圍龍屋，是典型的粵東式堂橫屋，南面建有門樓，外牆屬於火形山牆，大宅「適廬」位於正中，而主廳設有家祠「敦敬堂」。歷史建築群包括門樓、主樓及附屬建築物。楊氏最初在楊家村種菜種米以及養豬，耕作收成於元朗舊墟販賣。1930 年代初，元朗吸引了梅縣、大埔、蕉嶺、平遠、豐順及惠陽、寶安等客籍新移民到此遷居。客籍人士遷入元朗後，偶會面對鄰村侵迫，故此會仿照梅縣之建築風格，建造同樣的圍龍屋以作防衛。從楊家村左堂之對聯「適居新界疑華界、廬結他鄉做故鄉」中亦感受出來。

新界人之間的溝通語言。這些人到了香港以後，除了互相之間通婚以外，也和附近的惠陽、東莞等地的客家人通婚；所以這幾個地方之間的口音差異很少，但跟「原鄉」的客家話在語音、詞彙和語法上有一定的差別。客家人說的是「客家話」，和廣府話差別甚大，無法溝通。

客家人祖籍地是五華、興寧、梅縣、惠州一帶，例如元朗的客家楊家村（適廬），他們的主門就是開在面向梅縣的方向。

❖ 楊家村「適廬」，正門不是正向，而是對着屋主的家鄉：梅州。

據日本學者濮川昌久利用族譜的解讀，勾勒了香港居民客家群體的移民過程：本地人主要從東莞和廣州方向遷入新界地區；客家人則從梅縣和惠州方向遷入。本地人在明初甚至更早即已到來，早早建立了

包括方言習俗的自我認同；客家人則是康熙二十三年
（1684 年）發佈開墾獎勵政策後才大量遷入的。這些客
家人大部分都避開了由錦田鄧氏等本地人佔據的肥沃
平原，定居於山嶺地區。[23]

地理上，本地人佔領了香港大部分肥沃的土地，
主要在元朗上水一帶；客家人只能在新界較邊緣較貧
瘠的地區耕種，從西貢、坑口，延伸到九龍、荃灣，
19 世紀晚期到達了離島長洲。[24]

歷史上，「客家」和「本地」長久的歷史對立，既
有語言風俗差異導致的對立，也有爭奪資源而出現的
打鬥，兩族對對方懷有極強防備之心。[25]

整體而言，新界的客家人在歷史淵源、語言、
風俗和地理上，和更早來港的本地人是南轅北轍。客
家人主要在香港新界的鄉村居住，過着簡單樸素的農
村生活。由於土地貧瘠，他們的生活條件比本地人艱
苦，也多外出謀生。客家人的主要特徵除了講客家話
外，在建築、服飾、飲食和一些節日習俗方面也和本
地人有明顯的差別，而兩個群體之間也很在意這些差
別。

這種差異，頗能部分解答我們上列的問題。

客家和本地人之間雖然沒有發生像在台灣的閩
客械鬥，但在過去幾百年間，兩個群體之間卻很少通
婚。[26] 在 20 世紀初葉，他們在新界人口只略少於本地
人，村落間能以客家話溝通，既沒有被本地人同化，
又和本地人互為防備，建立了強烈的認同和守土意
識，他們避開了本地人佔據支配的肥沃平原，只能定

閩客械鬥發生在 18 世
紀中到 19 世紀末，因清朝
中期後，大量祖籍廣東的客
家人、潮州人移民來台，他
們與更早來台、祖籍福建的
鶴佬人之間的武裝衝突，兩
派族群之間存在諸多利益衝
突，如灌溉水權、爭取墾
地、建屋蓋廟等。

居於山嶺地區。這形成了在港客家人「勇武、守土、
團結」的性格，但同時卻因土地位置不佳，往往成了
日後城市填海、改建發展的受害者。

三、客家人來港

清以前香港只有極少的客家村莊，而且在清遷界
以後這些村莊就得從頭再來。現在可以找到的幾個在
明代建立的客家村，僅剩錦田的胡氏、葵涌的陳氏。
還有出現在康熙版《新安縣志》的 14 座村落。[27]

客家人成群結隊地大批遷入香港，大致可分為四
個時期：

第一時期，從清康熙年間「遷界」到香港開埠（約
1684-1842 年），為利誘遷入階段。

康熙二十三年（1684 年）明令復界，清廷招募客
籍農民開墾新安，招致各地農民前往沿海墾殖，客家
人開始大規模遷港。這批來到香港開墾的農民，祖籍
一般都是福建的寧化、上杭，進入廣東以後，居住在
粵東的五華、興寧、梅縣（以上在明代屬於潮州）或
者惠州，他們大部分都在新界的東部或沿着鐵路線的
山谷間開墾，下至西貢、坑口，延伸到九龍、荃灣，
建構了香港的客家社群和文化。

但我們無從稽考客家人數確實有多少，[28] 只能從
一些零碎的資料探究：

1842 年，清朝在第一
次鴉片戰爭中被英國打敗，
並於翌年簽訂《南京條約》，
將香港島連同鄰近的鴨脷洲
割讓給英國。但早在 1841
年，英國已派兵佔領香港
島，當年即宣佈香港為自由
港，是為「香港開埠」。英國
的商人，包括鴉片商販，逐
漸將香港建立成與東方自由
貿易的樞紐。

　　我們根據康熙二十七年（1688年）和嘉慶二十四年（1819年）《新安縣志》上有關香港村落記載的資料作對比，大約能算出復界後的百多年，香港地區增加了或減少了多少座村落。[29] 首先，康熙版《新安縣志》計香港村落共有225座，[30] 而嘉慶版的有494座，[31] 單從數字上看，百多年來，香港村落增加了一倍，共269座新村。

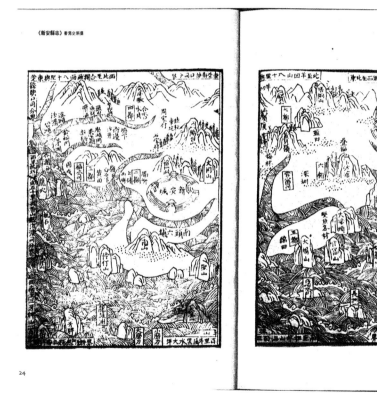

❖ 嘉慶《新安縣志》地圖

新安縣獨立於東莞之後，《新安縣志》的編修工作亦隨即展開。《新安縣志》的第一次纂修於萬曆十四年（1586年）已經完成，距離建縣不過14年的時間，可見當時任知縣的邱禮乾對修志的重視。自此至民國初年，《新安縣志》經歷過不少重修增補，前後共有七次之多：

1. 明萬曆十四年（1586年）知縣邱禮乾首次纂修縣志。

2. 明崇禎八年（1635年）知縣李鉉重修《新安縣志》，增捕史事。

3. 明崇禎十六年（1643年）知縣周希曜重修《新安縣志》。

4. 清康熙九年（1670年）知縣李可成倡修縣志。

5. 清康熙二十七年（1688年）知縣靳文謨重修《新安縣志》。

6. 清嘉慶二十四年（1819年）知縣舒懋官重修《新安縣志》。

7. 民國時期，新安縣改稱寶安縣。1930年，鄔慶發表《寶安志例言》，可惜未及完成而鄔氏病逝，原稿亦於抗戰時遺失。

康熙年《新安縣志》225座村落和嘉慶版名字相同或不同的村落表列於下：

	村落（座）
康熙版〈五都〉與嘉慶版名字相同	30[32]
康熙版〈六都〉與嘉慶版名字相同	64
共94	
康熙版〈五都〉存在，嘉慶版沒有	49
康熙版〈六都〉存在，嘉慶版沒有	82
共131	
共225	

綜合上表分析，從康熙到嘉慶百多年間，尚有94座村落在名單上屹立不倒，其中，尚存的〈五都〉村落從79減少到30，〈六都〉從146減少到64。此外，共有131座村落名字消失了，代之而起的一大批本地和客家村落。其次，嘉慶版內有「客籍」詳列了194座客家村落，[33]其中，14座名字已出現在康熙版。[34]簡言之，至嘉慶後期，香港的客家村落共增加了180座。

嘉慶版《新安縣志》村落不見於康熙版的表列於下：

	村落（座）
康熙版沒有，嘉慶版「管屬」有	220
康熙版沒有，嘉慶版「客籍」有	180
共400	

　　百多年間，官方計算為「客籍」的，從 14 增加到 194，增加了近 13 倍的數目，其他的村落「管屬」則是從 80（相同名字的 94 座村扣去 14 座客家村）多了 220 座，增加到 300 座，只增加近 3 倍。

　　前述的高懷義牧師在 1859 年發表文章，提到 40 年前有一分新安村落的名單，即嘉慶二十四年（1819 年），所指應為嘉慶版《新安縣志》，但高懷義列出了共 854 個村莊，其中 579 個是本地（Pun-ti）人定居的，275 個是客家（Hak-kas）村，[35] 本客比例是 67 對 33，這數字和我們的計算的略有出入，我們根據嘉慶版《新安縣志》，香港村落總數為 494 中，本（包括其他族群）客比是 61 對 39。無論如何，這嘉慶版《新安縣志》是最早對香港村落屬性的調查。

　　我們如用 61 對 39 的本（包括其他族群）客比放在人口數字上，也不難得出兩族大約的人口，嘉慶二十三年 (1818 年)，新安縣總人口是 225,979 人，[36] 則客家人口大約是 88,000 人。當然，我們無從得知那時香港地區的人口數目，但以客家村落佔近 4 成的村落比例，和客家村落在 131 年內增加了近 13 倍的速度，我們也不難想像這百年來客家人南下香港地區的規模！

　　早期客家人也移居到港島和九龍半島，這些早期客家移民在港島上建立了不少村落，如薄扶林、石澳、大潭、赤柱、黃竹坑、銅鑼灣、柴灣等，他們同樣說着客家話，但市區的客家人沒有擁有土地的權利，也不能獲得原居民身份。[37]

　　五華縣，本稱長樂縣，民國三年（1914 年）改名為五華縣。位於廣東省東北部，屬於梅州市管轄。東邊與廣東省豐順縣相鄰，南邊與廣東省揭西縣、陸河縣相鄰，西邊與廣東省紫金縣、東源縣、龍川縣相鄰，北邊與廣東省興寧市相連，五華縣以客家人為主。全縣通用客家語五華話，屬純客家縣。

曾大屋是曾氏家族的住宅，位於沙田博康邨旁邊，鄰近獅子山隧道，是區內保存得最好的圍村之一，亦是僅存的最大客家式大宅。由曾貫萬（又名曾三利）於1848年建造，歷時20年，至1867年才建成。曾大屋呈長方形，總面積達6000多平方米，採用了曾氏的五華老家的建築風格—堡壘式的格局，圍牆採用了花崗石、青磚和精選的木材，而四角均築有鑊耳型的三層高碉堡，碉堡上有槍孔和瞭望台。本來曾大屋外面有一條護城河圍繞，以吊橋銜接，但現已遭填塞，吊橋亦拆去。村內的建築主要分上、中、下三廳，廳與廳之間有天井分隔，這三個廳又稱為三棟上下進與左右兩橫屋相連，形成棋盤狀，圍屋內有住房百多間。圍村入口有三個大門，中門最大，門頂圓拱形，四周以麻石砌成，門頂石區鑲刻著「一貫世居」，門上有酸枝木和鐵枝製成的門閂，並有一道鐵門。

第二時期，從香港開埠到辛亥革命（約1842-1912年），為謀生遷入階段。

香港開埠，需要大量勞力，也需要各地人才開發。五華人具備採石的專業技術，因此吸引了大批五華人前來。他們多在市區從事建築工作。著名例子是沙田的曾大屋，曾三利（又名貫萬）兄弟在道光年間（1821-1850年）來到香港，後成巨富。[38]西營盤、薄扶林、大坑、筲箕灣等地亦因石匠所居而成村落。此外，也有部分客家人為了逃避太平天國及廣西的土客械鬥的戰亂來到香港避難。另外一類是1898年英國人租借新界以後才來到新界建立村莊的客家人；這些人所建立的村莊中又以粉嶺崇謙堂最為有名。1900年山

❖ 曾大屋最高的那個三叉，本是農具，現放在樓房之上，可作防盜之用。

❖ 曾大屋四圍都有高牆，牆上有槍孔，作防衛作用。

東義和團排教，波及廣東的教徒，教徒來到香港以後向本地人買地建村，成為一個新的鄉村。

❖ 曾大屋正廳。

根據香港政府在 1911 年的人口普查顯示，當時香港共有 444,664 人，族群之分只剩下本地、客家和福佬，水上人因人口不多而併入福佬（閩南）中，詳見下表：[39]

方言＼地區	香港島及九龍	新界北區（大帽山及九龍群山以北）	新界南區（新九龍、荃灣及離島）	總數	百分比
本地	311992	31595	16395	359982	81 %
客家	22822	37053	7321	67196	15.1%
福佬	6949	75	1369	8393	1.9%
其他	2864	124	----	2988	0.7%
未提供	5791	275	39	6105	1.3%

廣府話，又稱「廣東話」、「粵語」、「廣州話」，是一種屬漢藏語系漢語族的聲調語言，也是漢族廣府民系的母語。廣府話根源於古代中原雅言，含完整的九聲六調，保留古漢語特徵，同時也保留最完整中古漢語。在學術界，廣府話是除普通話外唯一在外國大學有獨立研究的中國語言。廣府話以珠江三角洲為分佈中心，在廣東、廣西、海南、香港、澳門，北美洲、英國、歐洲和澳洲、紐西蘭、聖誕島等以及東南亞的新加坡、印尼、馬來西亞、越南等華人社區中廣泛使用。在廣府話核心地區廣東省近 8000 萬本地人口中，粵語使用者近 4000 萬。廣府話是香港、澳門的官方語言，美國、加拿大的第三大語言，澳洲的第四大語言。

上表可見人口構成除了本地和客家以外，其他方言群體的人很少。香港政府以方言劃分，把市區操廣府話的人群也劃入本地人，所以市區的本地人有 31 萬之多，人數比客家人多近十三倍，但由於市區的本地人來自五湖四海，只是語言相同，不能視為一個族群，故在市區真正的大群族是客家人，他們的人數是第二族群福佬的三倍。

如果我們看本地、福佬和客家兩大族群的人數分別，應對比新界地區：

方言 \ 地區	新界北區（大帽山及九龍群山以北）	新界南區（新九龍、荃灣及離島）	新界地區
本地	31595(46.0%)	16395(65.4%)	47990(51.2%)
客家	37053(53.9%)	7321(29.2%)	44374(47.3%)
福佬	75(0.1%)	1369(5.5%)	1444(1.5%)
總數	68723	25085	93808

在近 100 年發展後，新界地區的本客比例已突破了 6/4 比，客家人在新界區的人口完全可和本地人分庭抗禮，客家人是稍少於本地人，兩者人數分別不到 4,000 人，而在新界北區的客家人口比那裏的本地人稍多。

第三時期，從民國初年至中華人民共和國成立前（約 1912-1949 年），為逃亡謀生遷入階段。

在香港淪陷前（1941 年），由於此時香港政治環

境相對穩定，經濟蓬勃發展，故粵東客家人來港謀生者與日俱增，多操打石、織藤、織布，也有經營洋雜、筆墨等小本生意。戰前的客家人多從梅縣和惠州地區移居香港，他們大部分來到市區打工謀生，沒有聚居地。

日治期間，遷入人口急降，但隨着二戰的結束，日本的投降，除以前回鄉避難的老港客紛紛返港外，又有一大批年青人跟隨親友長輩赴港。由於沒有聚居或與非客家人結婚，不久之後便完全被本地人同化，日常說的也是粵語。只有部分人在新界建立自己的村莊，當中包括遠至梅窩務農的增城人袁華照，他從五華縣請來大量客家石匠建立袁氏更樓，[40] 也有在城裏面聚居、或在原居民村莊旁邊建房，或者租住原居民的房子者才能避免被同化。然而，除了居住在新界的客家人以外，其他客家人在香港出生的孩子已經很少能操流利的客家話了。

❖ 五華客家石匠打造出來的梅窩袁氏更樓。

崇正新村位於新界元朗區南部十八鄉的一條雜姓客家村落，村內居民是由梅縣、大埔、蕉嶺、平遠、豐順及惠陽、寶安等地遷來的客家人，人口接近 3000 人，是香港境內最大的一條客家村落。崇正新村原址本屬於水蕉老圍轄下稱為「紅棗田」的地方，於清朝康熙初年復界後，有寶安簡姓的客家人移居到此，隨後陸續有陳姓和李姓寶安籍的客家人遷入，初時以種植水稻為生。直至 1930 年代初，旅居海外的客籍華僑以香港的地理位置處於家鄉與南洋通道之間，往來方便，而在英國人的管治之下政局相對較穩定，且新界的土地可自由購買及搭建房屋，陸續有嘉應籍的華僑在南北行引介下在此買地和興建居所，其時原居於「紅棗田」的簡氏將土地善價而沽，出售予華僑富商，簡氏則保留上游現時紅棗田村的位置續居，當時在行政劃分上，仍屬於隔鄰的水蕉老圍村。1957 年正式組織成村落，以 1921 年成立的香港客家人組織「崇正總會」之名，將村落命名為「崇正新村」，代表崇尚正義、正本清言的意思。並加入當地的鄉約組織，成為十八鄉的成員村落。

第四時期，從中華人民共和國成立到現在（約 1949 年至今），為受限遷入階段。

前期為 50 年代初，由於香港尚可自由出入，內戰結束，一批戰後無地的農民和原屬國民政府的軍政人員、學者、富商及其家屬，如羅香林教授等，就是在此時來港。

中期為 50 年代至 60 年代，1951 年香港政府根據《公安條例》設立香港邊境禁區，阻隔了內地，這時來港客家人以東南亞華僑為主。華僑因東南亞排華不斷，到香港謀求發展，建立不少客家村莊，最著名的是由印尼華僑和戰後移民於 1957 年在元朗市區南部共同建立的崇正新村。

後期為改革開放後，由 1984 年開始，中港協議的「內地新來港定居人士」，每天的名額逐步升至 150 人，每年大概 5 萬人。這個政策實施 30 多年以來，大概已經有超過 150 萬人循此途徑進入香港。他們之中有一半左右來自珠江口及其附近一帶，另約有一半則來自廣東其他部分和福建南部。除了福建以外，相當部分的人都是客家人，估計大概有兩成左右。由於他們多到市區發展，也隱沒在洪洪人潮中。[41]

根據學者張雙慶等的資料，1991 年政府公佈的新界 631 個鄉村之中，有 341 個是客家村莊，佔 54%；本地人村莊 204 個，佔 32%；混合村莊有 67 個，佔 11%；其他是漁民建立的村莊，佔 3%。客家村莊的數目雖然比較多，但相對於本地人的村莊來說人口較少，而且一般分佈在比較偏遠的地區。本地人的鄉村

一般集中在新界肥沃的平原如上水、元朗和屯門一帶。沿着九廣鐵路一帶，比較平坦的山谷如大埔、沙田則以客家村莊為主，客家人集中在新界的東部和南部。但是一些村莊由於地方偏遠，很多已經荒廢。例如西貢半島和船灣淡水湖以東的地區，到現在也沒有公路可以直達，村民多已經移民國外或者遷居市區。[42]

四、還存祖宗言？

客家文化是香港文化的一支，在 20 世紀初葉還是香港第二大的族群，客家人珍視自己文化，有「寧賣祖宗田，不忘祖宗言」的祖訓。然而，經過 100 年的發展後，尤其是在經歷了城市化和工業化後，香港的政治、社會、文化都有極大的轉變，客家文化根植鄉土，以農為業，族群相依，自是有翻天覆地轉變，客家人的傳統文化和生活方式受到極大的衝擊，有着外來文化特徵的客家文化難在香港保存。

這方面既有政治原因：自從 20 世紀 50 年代香港政府在邊界建立關卡以後，國人沒法自由進出香港，香港逐漸和大陸割裂，香港政府為了內部團結，製造香港意識，統一使用廣府話和英語作為教育語言，並同時有意識地瓦解本港多元民族文化的價值觀。[43] 到了 1967 年以後，電視和電台都再沒有方言廣播，客家話因在傳媒中無法立足而進一步邊緣化。[44]

此外，客家文化之所以能在香港保存和發展 300 多年，和客家人務農為生、村落互助和同族通婚有着必然的關係。不過，自上世紀 50 年代，香港人口急劇膨漲，同時工業興起，客家人以農為業的生態環境遭到毀滅性的打擊。其中，最大的衝擊來自水塘的建設。政府為解決食水問題，於新界各處興建水塘，損害了農村居民的利益，首當其衝的諸如西貢萬宜村等客家村落因建水塘而被遷拆；其次是農民賴以為生的水源被引進水庫，令農民無法耕種，只能到市區或外國謀生，導致農村只剩下老弱婦孺，新界鄉村人口迅速下降，不少鄉村甚至被迫荒

廢，客家人的不少風俗都是緊扣農村生活，所受影響更為嚴重。農民失去本業，文化失去了根，只能掙扎維持。

隨着農業式微，城市發展，客家村落也無奈地作出轉型，例如原本位於荃灣的關門口等村被遷至葵涌大窩口一帶，歷史記憶被連根拔起，部分村民以租屋賣屋維生，其他群體遷入客家村落，使原本自給自足、自成一國的客家文化被打破。到了上世紀 80 年代，新界大規模發展，不少客家村落不是被清拆，就是被改建，已變成了各族群聚居的地方，客家村落變得有名無實，更難言族群的同質。客家人身份只能到大時大節，或大慶大喪，舉族同眾才會表現出來。

對生長在客家村落的下一代而言，鄉村學校停辦，他們只好到附近的新市鎮上學，他們自小用廣府話上課，交往的同學多是操廣府話的，在官方語言和人數的優勢下，廣府話成了他們在外溝通的語言，現在的客家村子內還有不少人以客家話交談，但小孩已經不會說。這一代人長大後，他們工作非以農為業，婚嫁不以同族人為選，久而久之，客家語、客家身份和客家村落構成的客家文化漸漸消失。

客家文化是香港文化一個分支，這片曾經孕育出多元文化的土地，經過百多年的發展後，漸變為一個單一的社會，而失去了它的多元性，這不僅是客家人的損失，也是兼容並蓄的香港文化的重大損失。

附錄：

康熙版〈五都〉與嘉慶版名字相同村落

錦田村	圓岡村	上村村	沙莆圍	高莆圍
石岡圍	竹園圍	水邊圍	大井村	大塘村
屏山村	長岡村	雞柏嶺	沙岡村	蚶蛇鬱
屯門村	小坑村	石榴坑	莆塘下	新田村
洲頭村	米步村	西山村	衙前村	古瑾村
香港村	沙角尾	涩涌村	石壁村	梅窩村

康熙版〈六都〉與嘉慶版名字相同

大步頭	龍躍頭	逕口村	樟木頭	新村
田寮村	龍塘村	麻雀嶺	塘坑村	蓮塘尾
唐公嶺	上水村	莆上村	平源村	鳳凰湖
荔枝窩	黎峒村	萬屋邊	粉壁嶺	隔塘村
黃貝嶺	大嶺下	田貝村	橫岡村	蓮麻坑
松園下	羅坊村	大逕村	大莆村	彭坑村
丹竹坑	山雞鬱	笋岡村	莆心村	新屋邊
月岡屯	羅湖村	塘尾村	福田村	赤尾村
岡下村	上步村	田面村	蚊洲村	莆海村
谷田村	下步村	上梅林	下梅林	嶺貝村
西涌村	隔田村	漢塘村	東坑村	沙尾村
新灶村	椰樹下	東山村	南岸村	松園頭
清湖村	新村	赤水洞	李公逕	

康熙版〈五都〉存在，嘉慶版沒有的村落

鑑巷圍	石湖塘	壆頭圍	圓蓢沙莆	圓蓢東頭
田寮圍	鬱子圍	長莆圍	教場莆	亞媽田
白沙圍	水蕉圍	山下圍	橫州村	角子頭
香園圍	石步村	蓢下圍	廈村村	輞井村
羊凹村	子屯圍	新壆村	乾涌村	勒馬州
蕉逕村	掃管鬱	淺灣村	葵涌村	企嶺村
沙田村	官富村	九龍村	莆岡村	廼尾村
新村圍	犬眠村	蓢機蓮	黃坭涌	烏溪尾
蠔涌	北港	定角村	澳尾村	洞仔村
瀝源村	東西涌	螺杯澳	田心村	

康熙版〈六都〉存在，嘉慶版沒有的村落

下坑村	牛蜞龍	黃竹洋	跳頭村	黃魚坦
地塘頭	高塘凹	坑頭村	隔圳村	河尚鄉
藍坑村	丙岡村	西邊村	麥園村	嶺仔下
凹背村	上下圍	鉗口墟	泰坑村	林村村
沙角寮	小瀝源	碗寮村	楓園村	綠逕村
歌堂凹	東西頭	油榨頭	凹下村	崗尾村
塘坑村	樟木蓢	山嘴峯	岡頭村	坑仔村
犬望村	橫排嶺	谷豐嶺	谷步村	赤坎村
塘邊村	下村	拈墩村	新英村	麥園村
舊墟村	凹尾村	樟樹坦	馬料村	淡水坑
凹頭村	三角園	榕樹角	沙頭墟	下邊村

沙頭村	白沙壢	烏石瓏	中心子	隔莆瓏
石頭下	小黃岡	坭岡村	莆隔村	南嶺村
水逕村	大分村	緣分村	莊屋村	石凹村
缸瓦園	仙田村	郭下村	樟坑村	鬱頭村
鵑閗村	橫眉村	又坑村	牛湖子	上分村
田心莆	田心村			

康熙版沒有，嘉慶版「管屬」有的村落

屏山香元圍	屏山廈尾村	廈川村	新隆村	新圍村
錫降圍	錫降村	東頭村	輞川村	英龍圍
石湖塘	合山圍	束安圍	壆頭圍	元蓢南邊圍
元蓢西邊圍	元蓢東皋村	元蓢福田村	元蓢青磚圍	福安村
山背村	水邊村	馬田村	欖口村	木橋頭
深涌村	白沙村	田心圍	山下村	港頭村
大橋村	石步李屋村	石步林屋村	東新村	張屋村
橫洲村	鰲岊村	廣田村	新豐圍	子屯圍村
中心巷	袁家圍	牛凹村	沙螺灣	塘福村
石頭莆	石甲門	二襖村	水口村	平洲灣
由古蓢	青龍頭	河土鄉	金錢村	燕岡村
丙岡圍	孔嶺村	嶺下村	永安村	橋邊莆
松柏前	古洞村	石湖壢	張屋村	長瀝村
官涌村	軍地村	泰亨村	文屋村	大步壢
大窩陳屋	大窩黃屋	南坑村	豐園村	圍頭村
鍾屋村	塘面村	新屋村	隆興村	烏溪沙

西澳村	井頭	大洞村	官坑村	上下輋
西逕村	榕樹澳	馬牯纜	黃竹祥	北港村
蠔涌村	潛塘村	大浪村	北潭村	赤逕村
樟上村	馬鞍山	菱香逕	大灣村	仰窩村
積存圍	田心村	小壢諒	九龍寨	蒲崗村
牛眠村	牛池灣	九龍仔	長沙灣	尖沙頭
芒角村	土瓜灣	深水莆	二黃店村	黃泥涌
薄寮村	薄鳧林	掃管莆	赤磡村	向西村
湖貝村	水貝村	南塘村	向南村	湖南村
西湖村	東鄉村	洲邊村	福興圍	葉屋村
曹屋圍	清慶村	田心村	壆下墩	向東村
錦興村	陳屋圍	筆架山	慶田村	潤頭圍
周田村	李屋村	大莆田	塘坊村	土狗莆
凹下祠	橫岡下	木湖圍	牛角山	馬公塘
萌貝村	泥岡村	田尾村	草塘圍	新屋嶺
新石下	舊石下	沙嘴村	東涌村	梅林逕下
西河村	沙頭東頭村	下新村	隔涌村	三角村
吉田村	白石龍	烏石下	上新村	和寧墟
培風墟	田心圍	泰源里	大平村	綠芬村
竹村村	龔村村	上芬新村	平湖圍	松源頭村
喬頭圍	黃沙坑	石馬舊圍	述昌圍	岐嶺村
長表村	白坭坑	新圍仔	竹山下	諸佛嶺
劉家園	西莆圍	塘頭下新墟	雙安村	黃客埠
隔水村	餘慶圍	振興圍	莆心湖	甲溪村
苦草洞	清湖墟	良安田	白沙澳	橫塘村

炻遜村	謝坑村	珠園莆	鹽田田寮下	廓下
綠分村	大壟村	大輞仔	莆上村	隔田村
丹竹村	沙角尾	鳳凰村	松園村	福田村

康熙版沒有，嘉慶版「客籍」有的村落

莆隔	草莆仔	大輞仔	樟樹莆	大望
李朗	柑坑	木古	大芬	新田子
泥圍子	丹竹頭	南嶺了	木棉灣	柏螯石
梧桐寨	寨凹	大芒峯	大菴	蕉遜
蓮塘	坑頭	牛牯角	上下峯	橫台山
馬鞍岡	長莆	小莆村	沙井頭	大欖
掃管鬱埔	水蕉	大窩	上下城	響石
城門	穿龍	淺灣	長沙灣	葵涌子
青衣	田富子	油甘頭	花山	帳頂角
樟樹灘	九肚	花香墟	孟公屋	井欄樹
上洋	檳榔灣	芋合灣	爛坭灣	大灣
荔枝莊	馬油塘	沙田	大腦	中心村
黃竹山	大水坑	石湖墟	小梅沙	雪竹遜
坑下莆	莆上圍	黃沙坑	塘遜	清溪墟
大埔圍	鐵墈	莆草洞	羊頭圍	畫眉凹
緣分	翟屋邊	芋荷塘	西湖	岡頭子
羊公塘	馬鞍堂	象角塘	水遜窩	梅子園
洞尾山	金劙頭	上下坪	茅坪	梅林
泥岡	大坑塘	九龍塘	香園	蓮塘

莆心	禾逕山	禾坑	羅坊	平洋
凹下	烏石	鹽灶下	南涌圍	七木橋
鹿頸	平洋村	烏蛟田	茅田子	烏缶畢涌（一個字來的，缶＋畢）
馬尿	谷埔	風坑	逕下	大林圍
朝陽園	榕樹凹	鑽腦盤	搶水坑	沙井頭
山嘴	逕口	鼓樓塘	凹頭	黃茅田
暗逕	菴上	金竹村	大峯尾	園墩頭
凹背子	龍眼園	屯圍	紅崗	鴨矢墩
藍山	小莆	沙岡墟	碗窰	沙螺洞
圍下	黃寅合	坪山子	鶴藪	莆心排
黃魚灘	下坑	洞子	珩溪浦	社山
下窩	蓮逕	平葿	羊尾	泮田子
樟塊子	滑石子	岡陶下	大冚子	赤嶺頭
早禾坑	盧盛塘	牛地埔	深水埔	稈藪葿
白石嘴	羊頭嶺	姜頭	葿口	石凹
蕨嶺	西坑	大蠔	橫葿	白芒
東涌嶺皮圍	賴屋山	吉澳	杯凹	甲颯洲

註釋

1　篇名取材自《圍名歌·李本》：「山寮連絡大環村，借問葵涌歷幾秋」。

2　邱逸、葉德平：《戰鬥在香港——抗日老兵的口述故事》。香港：中華書局，2014年。

3　陳麗華：〈香港客家研究綜述〉，見劉義章編：《香港客家》（桂林：廣西師範大學出版社，2007年），頁2。

4　陳麗華：〈香港客家研究綜述〉，見劉義章編：《香港客家》，頁4。

5　（清）王崇熙等纂：《新安縣志·阮元序》上卷，頁2。見馬金科編：《早期香港史研究資料選輯（上）》（香港：香港三聯書店，1998年），頁11。

6　（清）李侍堯、沈廷芳等纂：《庚州府志》卷3，〈沿革〉，頁11。見馬金科編：《早期香港史研究資料選輯（上）》，頁15。

7　（清）靳文謨纂：《新安縣志》卷6，〈田賦志〉，頁7。見馬金科編：《早期香港史研究資料選輯（上）》，頁30。馬書中記萬曆元年為1662，有誤。

8　張偉仁主編：《明清檔案》A37－98（3-3）頁。見馬金科編：《早期香港史研究資料選輯（上）》，頁126-127。

9　《清實錄》，〈世祖實錄〉卷140，頁1081。見馬金科編：《早期香港史研究資料選輯（上）》，頁125。

10　《清實錄》，〈聖祖實錄〉（一），卷4，頁84。見馬金科編：《早期香港史研究資料選輯（上）》，頁125。

11　（清）靳文謨等纂：《新安縣志》卷11，頁8。見馬金科編：《早期香港史研究資料選輯（上）》，頁129。

12 （清）屈大均：《廣東新語》（北京：中華書局，1997 年），頁 58。

13 （清）靳文謨纂：《新安縣志》卷 6，（田賦志），頁 7。見馬金科編：《早期香港史研究資料選輯（上）》，頁 30。馬書中所記萬曆元年為 1662，有誤。

14 （清）阮元監修：《廣東通志》卷 90，（輿地略一），頁 7。見馬金科編：《早期香港史研究資料選輯（上）》，頁 131。

15 劉志鵬等：《新安縣志──香港史料選》（香港：和平圖書，2007 年），頁 50。

16 （清）賀長齡輯：《皇朝經世文編》卷 83，（兵政），姜宸英：〈海防總論擬稿〉頁 5。見馬金科編：《早期香港史研究資料選輯（上）》，頁 142。

17 《清實錄》，〈聖祖實錄〉（二），卷 116，頁 205。見馬金科編：《早期香港史研究資料選輯（上）》，頁 140。

18 （清）陳澧等纂《重修香山縣志》卷 22，〈紀事〉。頁 22。見馬金科編：《早期香港史研究資料選輯（上）》，頁 142。

19 （清）靳文謨纂：《新安縣志》卷 6，〈田賦志〉，頁 1,2。見馬金科編：《早期香港史研究資料選輯（上）》，頁 31。

20 （清）陳澧等纂《重修香山縣志》卷 22，〈紀事〉。頁 22。見馬金科編：《早期香港史研究資料選輯（上）》，頁 142。

21 （清）舒懋官修、王崇熙纂：《新安縣志》卷 7、卷 8，（經政略一〉（戶口〉，頁 257。見馬金科編：《早期香港史研究資料選輯（上）》，頁 31。

22 學者劉鎮發的數字是「移民來港的時候數以萬計，建立了 400 多座村莊」，見劉鎮發：〈香港客家人的源流〉，載劉義章編：《香港客家》，頁 49。

23 陳麗華：〈香港客家研究綜述〉，見劉義章編：《香港客家》，頁 12。

24 同上註。

25 惠陽和東莞一帶開墾產由於在考試名額上不能佔本地的名額，只能用一個被歧視的「客籍」名額，土客的矛盾開始產生，而且在 19 世紀以後演化成身份認同的矛盾。劉鎮發：〈香港的客家話〉，見劉義章編：《香港客家》，頁 110。

26 劉鎮發：〈香港的客家話〉，見劉義章編：《香港客家》，頁 110。

27 在康熙版和嘉慶版「客籍」同名的有蓮麻坑、松園頭、蓮塘尾、沙角尾、李公逕、莆上村、松園下、福田村、鳳凰湖、萬屋邊、麻雀嶺、荔枝窩、新村（在〈六都〉出現了兩次）和丹竹坑等。

28 在網上文章〈消失和重生的香港客家──新竹縣世界客屬第 28 屆懇親大會紀念〉一文，作者曾建元估計約有十五萬客家人移入今日的香港地區，詳見：http://www.chinainperspective.com/ArtShow.aspx?AID=68972

29 康熙《新安縣志》所載香港村落大致分佈於五都及六都範圍，嘉慶《新安縣志》香港村則集中在「官富司管屬村莊」（簡稱「管籍」）和「官富司管屬客籍村莊」（簡稱「客籍」）行政區內。本文採用了劉志鵬等的《新安縣志─香港史料選》所列的村落名字，比對、校正出一分香港村莊名單，詳見於本章附表。劉志鵬等：《新安縣志─香港史料選》，頁 31-48。

30 劉志鵬等：《新安縣志──香港史料選》，頁 31-34。

31 劉志鵬等：《新安縣志──香港史料選》，頁 35-48。

32 沙角尾也出現在嘉慶版的〈官富司管屬客籍村莊〉。

33 劉志鵬等：《新安縣志──香港史料選》，頁 43-48。

34 在康熙版和嘉慶版「客籍」同名的有蓮麻坑、松園頭、蓮塘尾、沙角尾、李公逕、莆上村、松園下、福田村、鳳凰湖、萬屋邊、麻雀嶺、荔枝窩、新村（在〈六都〉出現了兩次）和丹竹坑等。

35 陳麗華：〈香港客家研究綜述〉，見劉義章編：《香港客家》，頁 2。

36 （清）舒懋官修、王崇熙纂：《新安縣志》卷 7、卷 8，（經政略 1）（戶口），頁 257。見馬金科編：《早期香港史研究資料選輯（上）》，頁 31。

37 劉鎮發：〈香港客家人的源流〉，見劉義章編：《香港客家》，頁 49-50。

38 筆者在書寫《梅窩百年──老村、荒牛、人》一書時，發現梅窩鹿地塘村也有五華曾氏，店號也叫三利，曾氏族人於十八世紀初期從五華經沙田，紅梅谷，貝澳老

圍經南山古道直到達梅窩鹿地塘村，是鹿地塘村姓氏中較遲落戶。曾氏家族到達梅窩除耕種外，還有經商，亦是在 18 世紀梅窩第一間雜貨店，店號就是三利，經營油、鹽、火水及香燭等，這是村民到商店購物之始。日後曾氏又搭建橋樑，經營伍仙橋，後期還發展木帆船貨運，街渡等服務。又收購村民柴、禾草等運到長洲交易買賣，更在長洲開設中藥材店，店號太和堂，附設中醫師，較多大嶼山居民前往診症購藥。詳見甘水容、邱逸著：《梅窩百年——老村、荒牛、人》（香港：中華書局，2016 年），頁 7-8。

39 劉鎮發：〈香港客家人的源流〉，見劉義章編：《香港客家》，頁 50。

40 詳見甘水容、邱逸著：《梅窩百年——老村、荒牛、人》，頁 110-114。

41 劉鎮發：〈香港客家人的源流〉，見劉義章編：《香港客家》，頁 42-53。

42 劉鎮發：〈香港客家人的源流〉，見劉義章編：《香港客家》，頁 57。

43 學者古兆申在分析過港英的教育政策後，認為：「這類教育措施，長期執行下來，對瓦解本港民族文化的價值觀，起了極大的作用。」見古兆申：〈文化回歸的理念和實踐〉，載盧瑋鑾、熊志琴編著：《雙程路‧中西文化的體驗與思考：古兆申訪談錄》（香港：牛津大學出版社，2010 年），頁 312-335。

44 劉鎮發：〈香港客家人的源流〉，見劉義章編：《香港客家》，頁 58。

第 **2** 章

歌唱夕陽天
——圍名歌 [1]

甚麼是「圍」？

這裏的「圍」，是指「圍村」。為便於同族鄉民互相照應，也為了防禦盜賊的侵襲，客家人一般聚族而居，並在居所四周築起高牆，形成合圍之勢。這些村落，也就被稱為「圍村」了。圍村的圍牆一般以大麻石修建，其間設置「更樓」、「槍孔」以作保安之用。本地的吉慶圍、龍躍頭就是這種圍村形式的建築。

《圍名歌》，又叫做《圍頭歌》，是圍村歌謠的一種，與描述「四時大自然的變化」的「月令歌」一樣，[2] 是圍村村民日常歌唱的歌謠。而《圍名歌》主要書寫客家村落及其附近的地方面貌；歌詞記載了不少香港地名、舊時風土人情，把它們串聯起來，活像是一部香港地方志，「亦可當作為地理常識及認識圍村內外居住環境的教材」。[3]

《圍名歌》的作者，一般認為是許永慶，而又有謂是許永慶與羅文祥合作編寫而成。《圍名歌》的傳播方式主要是「口耳傳播」，由老師口授給學生聆聽，故此中間或因口音問題、理解問題，出現不同的版本。現存唯一的文字版本是由林瑞鴻手抄傳下，近年由香港中文大學學者程中山博士重新整理。林瑞鴻一共抄錄了四部「竹枝詞」，也即《圍名歌》。它們分別是：

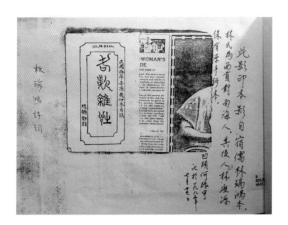

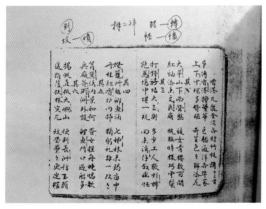

❖ 上三圖為林瑞鴻的手抄本。

《各款雜詩》，林瑞鴻鈔錄，香港，影印本，32頁，長 16.5 厘米，闊 29.5 厘米，民國 10 年（1921 年）。

林瑞鴻，晚清儒生，是西貢對面海人士，現今有關他的記載幾乎全無，只能從凹頭何振宇在《各款雜詩》（抄本）的影印本之首頁，獲取有關他的描述：「此影印本影自宿儒林瑞鴻本。林氏為西貢對面海人，其後人林廣源保有原手鈔本。凹頭何振宇記於一九八五年七月廿七日」。

本書以中國詩歌為主題，詩歌內容主要圍繞社會民生、天氣、地理環境和地名等，共收錄詩歌十二首。分別為〈瀝源九約竹枝詞（十五首集村名）〉、〈西貢六約竹枝詞（十八首集圍名）〉、〈香港九龍全灣各村竹枝詞（十三首）〉、〈大埔林村船灣各鄉竹枝詞（八首）〉、〈詠月詩（十三首）〉、〈XX 書〉、〈朋有花〉、〈節氣詩十二首〉、〈思即記〉、〈天寄妻〉、〈四季茶女枝〉、〈妻寄夫書〉。

竹枝詞原來是古代巴渝一帶的民歌，後來經過唐代劉禹錫、白居易等提煉，逐漸成為了一種專門詠讚風土人情的詩歌體裁。竹枝詞一般是七言四句體，只有短短廿八字，內容題材是該地區的風土人情。

〈瀝源九約竹枝詞集村名（十五首）〉、〈西貢六約竹枝詞集圍名（十九首）〉、〈香港九龍全灣各村竹枝詞（十四首）〉、〈大埔林村船灣各鄉竹枝詞（八首）〉。這四部圍名歌分別以沙田、西貢、香港、九龍、荃灣、大埔等各處的風土人情為主題；而因其以新界地區為主，故又合稱《新界竹枝詞》。

一、誰作《圍名歌》

《圍名歌》的作者應該是兩位清代秀才——許永慶和羅文祥，前者是居於沙田瀝源的客籍私塾老師，後者則是居於沙田火炭九肚村的廣府籍私塾老師。有關他們的文獻記錄甚少，僅有一些不完全的記錄。《城市文化與人文視野》是其中一本記載許、羅二人資料的文獻，而有關的記載一共有兩條：

> 或謂這組竹枝詞原先由許永慶創作〈瀝源九約竹枝詞〉，後來許永慶找友人羅文祥一同續作其他地區的作品……。許永慶居住沙田石古壟，曾任教沙田、大埔私塾。這組竹枝詞未有正式刊行，只有抄本流傳。許永慶生前友人小瀝源教師吳耀章曾以竹枝詞教導學生至抗戰前為止，所以當時客家學生，尤其是年輕姑娘多能熟背，或作出嫁對歌之用，一直口耳相傳。
>
> 饒玖才云：「十九世紀末，一位在石古壟任教的客家籍老師許永慶，根據村民零星口述資料，以及自己課餘遊覽附近風景所見，創作了由十五首組成的《瀝源九約竹枝詞》，稍後，他又和另一位九肚村的廣府籍老師羅文祥合作，將當時新界南約的其他區域，包括西貢、荃灣、和九龍，以及大埔的風貌，寫成竹枝詞，四篇合稱為《新界竹枝詞》。」[4]

沙田區議會〈《竹枝詞》的傳奇故事〉一文這樣寫的：

> 《竹枝詞》是許永慶和羅文祥兩位老師嘔心瀝血之作。……《新界
> 九約竹枝詞》是一個多世紀以前兩位沙田客家才子——石古壟許永慶
> 老師和九肚羅文祥老師千錘百練的嘔心瀝血之作。……許永慶和羅文
> 祥這兩位老師都是生於一百一十多年前，兩人生前曾在沙田和大埔私
> 塾執教。他們喜遊山玩水。每逢課暇之餘，兩人便結伴而行，遊覽新
> 界及港九名山大川，猶如我國的騷人墨客，行吟於山澤之間，江上清
> 風，山間明月，皆成文章。[5]

　　雖然上述兩項文獻資料均非一手文獻，皆為轉引自他人之作，但是現在有關
的記錄已不全，所以這是僅餘可取的說法。客家文化研究者徐月清指出：「我母
親（李帶女士）所習之圍名歌是由許永慶老師教授的。」故此，許永慶是圍名歌
的作者一說，當是可取的說法。

❖ 這是一筆「壽」字。據許永慶後人許國平
先生所述，這個「壽」字是原出於許永慶手
筆，後由族人臨摹。

❖ 瀝源石古壟村許永慶一族
的家祠。

　　至於二人的籍貫,則不能肯定。〈《竹枝詞》的傳奇故事〉認為兩人皆是客家
人;相反,《城市文化與人文視野》則認為許永慶是客家籍,而羅文祥則是廣府
籍。兩書說法各異,無可考訂;不過,可以肯定是,無論作者是甚麼籍貫,根據
徐女士所述,《圍名歌》的歌唱語言也一定是客家話。

二、版本知多少

　　《圍名歌》是許永慶與羅文祥在遊覽香港時,把香港的地名、景物、名勝、
風俗、民情,寫成一首詞,然後用客家方言唱出。由於《圍名歌》是民間口耳相
傳的作品,沒有文字記載,所以一如中國早期的文學作品一樣,出現了不同的版
本。就以〈西貢六約竹枝詞集圍名(十九首)〉為例,現存的版本有六個:(1)
賴彬版本;(2)詹雲飛、鄭嬌版本;(3)李帶版本;(4)林瑞鴻版本;(5)程中

山版本；（6）徐月清版本。

1. 賴彬版本

西貢區議會文化康樂體育委員會保存及推廣西貢鄉土民謠工作小組編輯的《西貢山歌選》一書，其中收錄了賴彬記述的圍名歌一首，一共 18 句，[6] 屬《新界九約竹枝詞》中六約西貢竹枝詞的一部分。葉賜光在《香港西貢及其鄰近地區歌謠研究》也引錄這一首。[7]

2. 詹雲飛及其妻鄭嬌版本

沙田區議會所編之《沙田古今風貌》這樣寫道：

一九五三年，詹雲飛在英國工作。工暇之餘，他對這《竹枝詞》（即圍名歌）感覺興趣，想憑自己記憶把歌詞記下來，但不成功。

一九六七年，他從英國返港。與妻子鄭嬌女士再接再厲，憑着兩夫婦的記憶力，希望把歌詞記下來。幾年後，經過多次的失敗，最後終於成功憑記憶寫成這首膾炙人口的《新界九約竹枝詞》，使這首失傳了四十多年的歌詞，再度在世間出現。

一九八零年，詹雲飛任沙田插桅杆村村長，他在一次遊船河中，將這首《竹枝詞》介紹給理民官夏思義，夏氏深受感動，於是向中文大學科博士推薦，獲得科博士賞識。

後來，夏思義把這首《竹枝詞》，請書法家寫好，分別置於香港大會堂和香港中文大學，供市民欣賞。[8]

葉賜光在《香港西貢及其鄰近地區歌謠研究》則這麼寫：

此歌謠（《圍名歌》）於香港淪陷時失傳，後分別由沙田村長詹雲

飛夫婦西貢客籍李帶女士憑記憶將歌詞重新記錄，後來坊間又出現民國時由西貢對面海宿儒林瑞鴻保存的手抄本。[9]

前面兩則文獻都清楚表述了現存圍名歌有詹雲飛及其妻鄭嬌口述記錄的版本。另外，又有一所謂「詹伙生及其妻鄭嬌」的版本。《香港地名探索》一書提及：「戰後，一位當地村民詹伙生與其妻鄭嬌，花了數年時間，綜合二人之記憶，才能將歌詞重新寫出，以供市民欣賞」。[10]唯據徐月清女士的說法，詹伙生也即詹雲飛。

3. 李帶版本

除賴彬、詹雲飛版本外，口述版本還有李帶版本。此見於葉賜光《香港西貢及其鄰近地區歌謠研究》：

> 此歌謠（圍名歌）於香港淪陷時失傳，後分別由沙田村長詹雲飛夫婦西貢客籍李帶女士憑記憶將歌詞重新記錄，後來坊間又出現民國時由西貢對面海宿儒林瑞鴻保存的手抄本。筆者有幸於李帶女士健在時錄下全首作品，不但使我們進一步了解本土長篇「連歌」，更反映此歌謠於流傳過程中如何出現變化，以致有不同版本的出現。李女士向筆者表示圍村人除於閒時會唱「山歌」和《圍名歌》外，更透露此《圍名歌》是她出嫁時其中一首「哭嫁歌」。[11]

李帶版本相對賴彬版本完整，但與其他也有出入。此可詳見附錄的〈《圍名歌》版本比對表〉。

4. 林瑞鴻版本

　　程中山《香港竹枝詞選》、葉賜光《香港西貢及其鄰近地區歌謠研究》均提及了曾有西貢對面海宿儒林瑞鴻手抄記錄了當年許永慶、羅文祥兩位老先生的圍名歌。程中山於所編之《香港竹枝詞選》如此說道：

　　　　許永慶所撰四組竹枝詞載 1921 年林瑞鴻《各款雜詩》（鈔本）。[12]

　　《各款雜詩》是清晚清儒生林瑞鴻手抄的詩集，後來由林先生的後人林廣源保留其原手鈔本。書中收錄不少當時的詩歌，其中包括〈瀝源九約竹枝詞〉15首、〈六約西貢竹枝詞〉18首、〈香港九龍全灣各村竹枝詞〉13首、〈大埔林村船灣各鄉竹枝詞〉8首。根據現今唯一傳本所錄，《各款雜詩》成書於民國十年（1921年）辛酉歲仲冬月（即農曆11月）。

　　此版本是唯一存世的文字記載版本，而且所錄者為西貢對面海人，是當世儒生，故其用字、用韻理應較諸口述本準確。

5. 程中山版本

　　香港中文大學學者程中山博士於 2010 年曾編註《香港竹枝詞新編》，收錄了〈西貢六約竹枝詞集圍名〉，該詩以林瑞鴻《各款雜詩》為底本編訂。其後，程博士於 2013 年，與嶺南文庫編輯委員會、廣東中華民族文化促進會合編《香港竹枝詞選》一書，為前作《香港竹枝詞新編》修訂本。程博士在《香港竹枝詞選》記述了該詩的校勘情況：

　　　　林瑞鴻鈔本之詞句及用韻均較為準確，本書據此著錄。又夏思義教授（Patrick Hase）《新界民謠》謂有兩個鈔本，未知何指，其附書影（約一九二零年）一張，版本未明，書影所見「去年既至相思灣」一

首，林瑞鴻鈔本缺，今補之。又按：詹雲飛、鄭嬌夫婦之整理本（以
下簡稱詹本），因作者背誦偏差，訛誤殘缺甚多，今校其明顯之異處。
又李帶本，殘缺尤多，不出校記。另，竹枝詞多嵌入村圍之名，或稱
為《圍名歌》。至於作者方面，或稱許永慶、羅文祥二人所作，竊以
為傳統詩詞除聯句體外，作品極少二人共同創作，觀四組作品應為許
永慶所作，可能有一兩首作品為羅氏所作，今無法考訂，故作者獨標
為許永慶。[13]

　　程中山版本以林瑞鴻《各款雜詩》為底本，詹雲飛版本校勘，是現存最為完
整的校勘版本。

6. 徐月清版本

　　葉賜光《香港西貢及其鄰近地區歌謠研究》記載之《圍名歌》主要根據李帶
女士憶述抄錄而成，原載於他 1988 年碩士論文中：

　　　　此版本乃筆者於 1988 年二月七日於西貢墟李帶女士家中綠得，
李女士當時已是八十多歲，但記憶力甚佳，是日能一口氣將上列
一百七十六句詩句全背出來。據李女士稱，此歌乃她於二十多歲時學
自石鼓壟秀才許永慶先生，此曲於日本侵佔西貢時曾失傳。[14]

　　李帶版本為今唯一流傳的聲音版本，詳可見葉賜光《香港西貢及其鄰近地區
歌謠研究》。本文所謂「徐月清版本」，是指李帶之女兒——徐月清女士口述、
整理的版本。徐月清可說是許永慶的再傳弟子，她的版本是根據其母李帶憶述許
永慶所傳之錄音，修訂、整理而成的。徐女士本身也是資深香港客家風俗研究
者，她在聆聽過李帶女士的錄音後，實地考察了多條客家村落，比對各地地貌與
新舊地名，最後整理而成，故其版本極具參考價值。

有關各個版本的比對，可以詳見本章附錄〈圍名歌版本比對表〉。總而言之，《圍名歌》因為是村落內民眾口耳相傳之歌謠，而且沒有文獻記錄，故版本不免混亂。縱使不斷有學者進行有關研究，但依然未能有一個確實的版本。比對各版本後，程中山與徐月清兩個整理版本最接近原來面貌。[15]

三、影照人文風

《圍名歌》是一部以本地客家村落及其鄰近風光作為主題的歌謠，歌詞記述了不同的風物與人情，活像是一部香港客家人文風景照。當中，光是〈西貢六約竹枝詞集圍名（19 首）〉一部，已記述了 60 個地方，本文根據《圍名歌‧徐本》，把其中最具特色的 30 個地方詳列於下：

01 <u>井欄樹</u>茂發奇香，祝屋平分上下鄉，遙望澳頭通路界，山行時過<u>馬遊塘</u>。
02 春遊忽到<u>蘇茅坪</u>，瞥見牛頭角又生，<u>茜草灣</u>前多石匠，山歌嘹亮一聲聲。
03 聞道<u>茅湖</u>屋數家，<u>將軍澳</u>處景繁華，<u>魷魚灣</u>起波中錦，水面生涯莫浪誇。
04 <u>坑口榔灣</u>一帶連，蛋姑歌唱夕陽天，何人來接<u>孟公屋</u>，風物人倫亦蔚然。
05 上洋行過下洋來，偶遇釣魚翁上台，借問大環頭裏過，大坑口亦可徘徊。
06 <u>梅子林</u>間再一行，遊遊不覺到<u>茅坪</u>，迴環聳翠多奇景，<u>黃竹山</u>高不必驚。
07 <u>石壟仔</u>是定行蹤，直上<u>昂坪</u>捉地龍，回首<u>馬鞍山</u>頂望，居然人在廣寒宮。
08 烏龜沙上景盤桓，大水坑源水一灣，崟下泥涌通路過，春來樟木茂如山。
09 樂業人居大洞邊，耕田討海亦皆能，遨遊偶向<u>企嶺下</u>，浪徑深涌一帶連。
10 閒遊不覺荔枝莊，并至<u>南山</u>各小鄉，海面生涯榕樹澳，<u>白沙灣</u>住打魚郎。
11 山寮連絡大環村，大網坪墩幾路分，<u>沙角尾村</u>人物眾，南山昂窩路悠悠。
12 <u>滘西</u>隔海打蠔墩，黃竹洋來日已昏，行向<u>爛泥灣</u>裏過，<u>蛋家灣</u>上捕魚忙。
13 <u>北港澳頭</u>西貢街，生成<u>大埔仔</u>無猜，<u>鹽田仔</u>細堪遊玩，到處晨雞一樣啼。

14 停車窩尾抵蠔涌，大腦神前廟響鐘，北港北園連絡盡，船枚西貢納清風。

15 斬竹灣彎作戰弓，<u>黃毛應</u>子走無蹤，遙指石坑和赤徑，即見高塘大浪吹。

1）井欄樹茂發奇香——井欄樹

井欄樹村於道光九年（1829 年）建村，至今已 300 多年。因其地酷似「水井」，而且樹木茂盛，故村落名為「井欄樹」。井欄樹村是一個客家村落，村民最初以打獵、耕作維生。村民信奉山神「水口伯公」。

井欄樹村每 30 年會舉行一次「安龍清醮」。「安龍清醮」的意義有二：第一、利用儀式把當地的污穢除卻；第二、通過儀式，把分散各地的村民團結起來。

❖ 井欄樹今日面貌

2）山行時過馬遊塘——馬遊塘

馬遊塘建村二百多年，以曾、李、朱三姓為主。因村落地形像「馬兒在水塘邊遊走」，故取此名。馬遊塘村是一條傳統的村落，每年春節，村民都會燒鞭炮、舞麒麟，並在鄉公所大排筵席。有別於對山神「伯公」的信仰，村民較信奉海神「天后娘娘」。每年農曆 3 月 23 日，村民聚集在茶果嶺天后廟，參與天后

誕。另外，「馬遊塘防線」更是抗日時期的重要戰略要點。

❖ 昔日長滿蘇茅草的秀
茂坪，已變成公共屋邨
了。

3）春遊忽到蘇茅坪——秀茂坪

即是今日觀塘的秀茂坪，屬西貢六約。昔日，因為其地長滿蘇茅草，而又是廣闊高原（坪），故又稱「蘇茅萍」。另外，又有「掃墓坪」之說：「掃墓坪」英文為「Sau Mau Ping」，故港英政府將其翻譯為「秀茂坪」。

4）茜草灣前多石匠——茜草灣

又名西草灣和晒草灣。估計因「茜」字與「西」字形似，部分人會把「茜」字（按：粵音當為「善」）讀作「西」；而「晒」字又與「西」字近音，故又有一名稱為「晒草灣」。

根據程中山轉述詹雲飛的意思，指當時茜草灣的石匠比起其他地方的還要多，有助剛開埠的香港的經濟建設。[16]

5）聞道茅湖屋數家——茅湖

茅湖，即茅湖仔，是一條鄰近馬遊塘村的村落，以阮、曾和吳三姓為主。阮

❖ 茜草灣也成為了遊樂場。

氏，原籍福建，從寶安遷到此地；吳氏，亦是由寶安遷到此地；曾氏，則由五華
縣遷到此地。茅湖仔村村民以務農及捕魚維生，故他們同時信奉海神「天后娘娘」
和山神「伯公」。

6）將軍澳處景繁華——將軍澳

明朝萬曆年間（1573－1620 年）郭棐編撰的《粵大記・廣東沿海地圖》上，
記有「將軍澳」之名；而萬曆九年（1597 年）的《蒼梧總督軍門志・全廣海圖》

❖ 鄰近馬遊塘村的茅湖仔村。圖為村口的涼亭。

記載:「將軍澳可避颶風,至龍船灣半潮水」。由是可見,最遲於明朝萬曆年間,已用「將軍澳」作為該地地名;而且,將軍澳因其地理因素,自明朝已作為避風塘使用。至於將軍澳村,已有超過 200 年歷史,村中以吳、陳二姓為主。《西貢歷史與風物》記載:「將軍澳地理優良,發源於飛鵝山東部經井欄樹流經該村的山溪提供豐富水源,加上該村村前有較廣闊的低地,便在該村開墾了大量的農田。」[17] 故吳、陳姓開基祖先後從九龍衙前圍村及東莞遷居而來。

7)魷魚灣起波中錦——魷魚灣

魷魚灣,顧名思義,是盛產魷魚的海灣。魷魚灣村主要以鍾、俞兩姓為主。鍾氏來自於福建汀洲府,其祖上先遷到香港粉嶺,然後再遷到此地。而村內俞姓村民因田地較少,故多以捕魚維生,而漁船大多停泊在坑口村前的港灣。早期居民有一百多人,現約有七百多人。村民以捕魚維生。

魷魚灣盛產一種白木沉香,村民會製作成香燭和草藥。另外村中有一個灰窰,村民採集海中貝殼後,就利用灰窰燒成灰以作為建築材料。[18]

❖ 今日的魷魚灣村

8）坑口檳灣一帶連——坑口

昔日，孟公屋村附近有一條溪澗，水源充沛，長年不息，沿着後來的坑口村流入大海，故此處名曰「坑口」。坑口自來都是附近村落漁艇停泊之處，因着漁民的信仰，建有一所天后廟。《西貢歷史與風物》引述了當地村民記述，謂：「坑口村已有 300 多年的歷史。換言之，此村早在清朝初年，即康熙年間便已經建立。坑口村村民多是雜姓的，多以捕魚為生，但也有種田和養豬的。坑口村的原址位於現今將軍澳醫院一帶。1989 年，為了發展將軍澳新市鎮，政府把坑口村村民遷移至現今寓安里，重建坑口村。」[19]

上世紀 20 年代初，坑口墟成為了西貢墟以外的重要墟市，根據《西貢歷史與風物》一書記載：「坑口墟的人口遠高於區內其他村落的人口……說明了坑口墟的發展較區內其他村落的發展為佳……很多男性從外地到這兩處經營店舖，以致這兩處的男性人口遠遠高於女性人口。」[20] 在這個坑口墟中，非常熱鬧，有很多的雜貨店，例如：機器廠、造船廠、燂船廠、雜貨店、灰窰廠、磨石墨廠、醬油廠、茶樓等等。[21]

9）坑口檳灣一帶連——檳榔灣

檳榔灣以劉氏為主，以捕魚、務農、畜牧維生。日佔時期，海盜橫生，治安不寧，村民屢受騷擾。後來，東江縱隊游擊隊進入了檳榔灣村，替村民維持治安，情況相對穩定。

據孟公屋村成蘇玉師傅憶述，孟公屋村、檳榔灣村、上洋村、壁屋、田下灣村、茶果嶺、馬游塘等村民都是跟從劉兆光師傅學習武術和麒麟舞。

10）何人來接孟公屋——孟公屋

孟公屋村自康熙年間建村，是一條客家村落，以成、俞、洪、陳、劉五大姓氏為主。成氏始祖成國珍到孟公屋開基，為答謝繼父張首興之義，每年農曆年

初二，成、張兩家都會以舞麒麟互拜，至今已維持了逾三百年。康熙年間，俞氏十三世俞德魁遷至孟公屋。另外，俞氏的分支居於鄰近的半見村和魷魚灣村。陳氏和洪氏兩家關係十分密切，於康熙年間，陳、洪兩家祖先遷至孟公屋村，戰亂期間曾將祖先遺骨互調，從此兩家人的關係感情深厚。[22]

❖ 孟公屋成氏家祠入伙

11）梅子林間再一行——梅子林

　　梅子林村背靠山嶺，面向平原。其四周都被山嶺包圍，形成盆地的格局，有

❖ 背靠山嶺，面向平原，長滿大樹的梅子林村。

利農業發展。〈香港風水林土壤研究的意義〉中提及梅子林村的價值:「梅子林風水林海拔 130-160 米,毗鄰馬鞍山郊野公園,面積約兩公頃、東北向、坡度變化大;火成岩原地風化生成土層深厚的紅壤,表層殘落物豐富。」[23]

12)遊遊不覺到茅坪——茅坪

「坪」,《說文解字》解釋曰:「地平也」,意思是平坦的土地,故名為配以「坪」字的客家地名,大都是位於平坦的土地上面。茅坪村位於西沙古徑之必經處。昔日,西貢對外交通不便,村民要到瀝源唯有走此古道。《新安縣志》卷七〈建置略·津梁〉中記載:「烏溪沙渡自烏溪沙往大步頭,渡一隻,原承餉銀四

❖ 這是古道上的樓房,見證村落的荒廢。

❖ 古道由石板鋪成。

❖ 茅坪村劉氏宗祠。

❖ 聯達五鄉學校現已建成涼亭。

錢。」[24] 此段史料說明了當時西貢居民而到大步頭墟市（即今日大埔墟）貿易，會在烏溪沙渡（碼頭）乘船前往。此段古道路經五村，分別：茅坪、石壟仔、昂坪、梅子林、黃竹山，是西貢對外的重要道路。當年五村風物阜華，可是，當公路建好後、礦場停產後，風光不再，只剩下凋零的古蹟。五村之間，曾建有一間學校──聯達五鄉公立學校；不過，五村荒置後，學校也停辦。現在改建成一個涼亭。

13）黃竹山高不必驚──黃竹山村

黃竹山因其地黃竹遍山，故取名黃竹山。同時，因其村屋子都是由石頭築成，故又名「石頭城」。黃竹山村是一條客家村落，以鍾、沈兩姓為主。《西貢鄉文化探索》指出：「鍾姓祖先源自河南，後南徙福建，再於廣東五華落籍，其後南移至東莞、香港，該村的開基祖為鍾氏十六世祖俊管公，初建村於沙田鹽田，

❖ 古道上的梯田遺址。梯田解決了丘陵的耕種問題。

但鹽田難於耕作，加上又有海盜為患，故與山的吳姓逐居民換地建村，建立了今天的黃竹山村。」[25] 村民務農為主，間中會到山中採藥販賣。其中最著名的土產是大藍，是一種染色顏料。

14）石壟仔是定行蹤——石壟仔

「壟」，按段玉裁《說文解字注》的解釋：第一、「丘壠也」，即是泥土堆積而成的小丘；第二、「冢也」，即是墳墓的墓塚。由於石壟仔村後有許多石洞，形似石壟（客家人又稱之為「石木門」），故以此命名村落。這些石壟中，最深的一個深入地底約 50、60 呎。石壟仔村的開基祖是吳姓兄弟二人。

❖ 石壟仔的地貌（由來 sir 提供）

15）直上昂坪捉地龍——昂坪

昂坪村位處約海拔 350 米的平原，故以「坪」名之。它是「西沙古道」上五村之一，是一條鄺姓客家村落。昂坪村水源不足，不利耕作，故村落人口較少。現在，全部村民已遷離，大部分村屋皆已荒廢及倒塌。最值得留意的是村落四周的風水林。此林樹木茂盛，保存頗為完整。

❖ 位於高原的昂坪，現成為
露營營地。

❖ 登上昂坪高原後，可以觀
察西貢美麗的風景。

16）回首馬鞍山頂望——馬鞍山

嘉慶《新安縣志》卷四〈山水略〉指出：「馬鞍山在縣東八十里，枕東洋，形如馬鞍。」[26] 馬鞍山與相鄰的大金鐘山合起，形如一個「馬鞍」，故稱為「馬鞍山」。早在明末時期，馬鞍山已有溫姓族群居住，以務農維生。後來，因為馬鞍山有豐富的鐵礦，故被發展成礦場。1906 年，政府批准在馬鞍山成立「香港鐵礦公司」。其後，「華興礦務」和「大公洋行」先後接手開採工作。日佔時期，日

軍侵佔礦場，把礦產運走。1980 年起，因為礦產日漸減少，故政府不再續批採礦的牌照，馬鞍山鐵礦因此停工。

❖ 馬鞍山是一個磁鐵礦場，圖為今日在礦場拾得的小礦石，其磁性也頗不錯。

❖ 此為馬鞍山礦場其中一礦地。

17）遨遊偶向企嶺下──企嶺下

企嶺下位處馬鞍山北面山腳下，臨吐露港之濱。從該處仰望馬鞍山，山勢陡峭，活像一道屏風，故當地人稱之為「企嶺下」，而其附近海面，也因而稱曰「企嶺下海」。昔日，西貢墟有一條對外陸路，經企嶺下沿吐露港十四鄉，通往沙田。此古道路途平坦，但頗為漫長，故經濟價值不高。

❖ 風景明媚的企嶺。

18）并至南山各小鄉——南山

南山村是一條客家村落，因山頭長滿「藍樹」，故又名「藍山」。村中以溫、何、黃三姓為主。據說，南山村風水頗佳——「兩邊有抱，後面有靠，前面有照，照中有泡」；意思是村落兩邊有環抱熟擋之勢，後面有依靠之山，前面有屏障阻擋（類似房子前面的照壁），而屏障之中要有水澤。先不論風水，光從環境學上來說，已是遮擋颱風，十分適合村民居住。而且，村前的水澤更可養飼魚類，頗有經濟價值。

19）白沙灣住打魚郎——白沙灣

白沙灣村最有名的活動就是每年農曆 6 月 19 日觀音誕。據文獻記載，每年白沙灣觀音寶誕的「搶花炮」活動吸引了不少村內外的善信參加。可惜，自 1967 年禁止燃放鞭炮後，搶花炮的儀式便改以抽籤形式進行。

❖ 臨海的白沙灣

20）沙角尾村人物眾——沙角尾村

沙角尾村於明崇禎年間建村，先祖為逃避清兵而南遷。該村的選址於農耕條

件較佳的河汊區域，對村民來說是一塊「福地」。沙角尾之村名由來，至今已難於確定，但是該村之古名「沙溪」推斷，古時或有河溪把沙沖至該處附近沉積，形成「沙角」，又沙角尾處正位於該沙角之「尾」端，故得名為沙角尾。以前，村民會在村中的「翎和堂」的書齋上課，1928 年，村中由美洲華僑捐錢興建的「育賢書室」改名為「育賢學校」，是一座四方大樓，主要教授小學課程。[27]

21）南山昂窩路悠悠——昂窩

昂窩，意思是高山上的一個山窩。山上土產物資豐富，昂窩村開基祖劉姓族人遂從深圳寶安縣的大艾山南遷來此開枝散葉。由於地處山中，往來墟市不便，故常有流動小販到昂窩村內貿易。1960 年代，西貢各鄉都有村校，昂窩的學童一般都會到大環的十鄉萃英學校上學。

22）滘西隔海打蠔墩——滘西

滘西州是位於西貢東面的一個島嶼，鄰近鹽田梓，村民以曬鹽、務農為生。1952 年，港英政府在此地設立操炮區，將原居民遷往白沙灣，建立滘西新村。新村主要由張、石、蘇、樊四姓組成，以農耕為生，也有一些客家家庭經營一些小生意，如一家張姓的客家人經營客家小食生意，售賣芋葉粄[28]、砵仔糕，還有客家「起粄」。「起粄」是一種發酵的茶粿，把粉漿發酵後搓成圓形，形成「大包」便算完成。據了解，「起粄」的命名，乃是由於其「起」字與「喜慶」的「喜」字諧音相同，含有家有喜事之意，可見當時村民相當着重意頭。[29]

23）行向爛泥灣裏過——爛泥灣

爛泥灣，即後來的萬宜灣。上世紀，爛泥灣原有村落一條，即後來的萬宜村，主要以農業和漁業維生。1965 年，香港政府打算興建萬宜水庫。因爛泥村在水庫建成後，會被淹沒，故政府安排村民調遷至西貢舊墟近西貢公眾碼頭一帶。

❖ 爛泥灣村已遷至西貢
舊墟近西貢公眾碼頭一
帶。

24） 蛋家灣上捕魚忙——蛋家灣

　　蛋家灣村，顧名思義是一條本來由蛋家人組成的村落。後來，續有客家人遷入。村民以捕魚維生。開埠以後，天主教傳教士活躍於西貢，並於蛋家灣村建立教堂和學校。可惜，上世紀 60 年代開始，香港漁業息微，村民紛紛離村謀生，故這條村落也隨之衰落。

❖ 圖為糧船灣天后寶誕盛況。蛋家人
篤信天后娘娘，每年天后誕都是他們的
頭等大事。

25）北港澳頭西貢街——北港

北港村位於西貢之西南方，村中駱姓族人早在元朝時，便定居在北港，是復界以前的「本地人」。清康熙朝復界後，大量移民湧入北港定居，其中包括鄭、李、梁、劉等，而北港的駱氏的一部分村民遷到相思灣。北港每十年便有一次「太平清醮」活動。北港最特別之處，在於其多數由女性主持打醮活動。據《西貢鄉文化探索》說：「如主神是天后娘娘，故請神、替神明裝身等皆是女村民負責」。[30] 上世紀 60 年代之前，北港村與蠔涌村、沙角尾村合稱「西貢三大農業區」[31]。村民會把農作物以肩挑方式經蠔涌古道運到九龍牛池灣的墟市售賣。[32]

26）北港澳頭西貢街——澳頭村

澳頭，又即是凹頭，位於清水灣深朗與大牛湖之間。澳頭村的「澳」是「凹」字的諧音，即山坳入口的意思。澳頭村是一條雜姓客家村落，建村已三百多年。村落以何、王、鍾三姓為主，其東面入口，設有「伯公」祀壇。抗日時期，東江縱隊港游擊隊曾在澳頭村設哨，照應大鵬灣至企嶺之航道。

❖ 處於山坳之中的澳頭村

27）生成大埔仔無猜——大埔仔

　　大埔仔村民祖籍山西太原，原居在西貢蠔涌村，後分支到大埔仔村。傳說大埔仔先民看到其地有一大片草地，故名之曰「大莆仔村」。大埔仔村民以務農為主；上世紀60年代，村民多移居英國。每隔十年，大埔仔村會與西貢六條村合資舉辦打醮活動。

❖ 今日的大埔仔村

28）鹽田仔細堪遊玩——鹽田仔

　　鹽田仔，又名鹽田梓。「梓」是故里的意思，村民以之示不忘故鄉之意。鹽

❖ 鹽田仔村

田仔是西貢的一個離島，也是一條客家天主教村落。這是一條單姓村落，村民全部姓陳。開基祖陳孟德父婦從廣東深圳觀瀾松元夏村遷至沙頭角鹽田村及打鼓嶺的坪洋村，後來遷往西貢鹽田，務農曬鹽維生。

29）停車窩尾抵蠔涌──蠔涌

蠔涌村的村口有一條蠔涌河，故以之命名村落。《西貢鄉文化探索》記述：「該河是由飛鵝山百花林及吊草崖的兩條山澗匯合而成，流經蠔涌村旁出海。涌口位置乃是鹹淡水交界，出產蠔穫豐富。」[33] 昔日，蠔涌有一條古道通往九龍城，村民以肩挑方式把漁穫和農作物經蠔涌路運送到九龍。《西貢歷史與風物》記述：「當時在北潭涌六鄉及其附近各村，是將貨物運往黃宜洲小碼頭，以小船運往西貢墟作為集散點，再以肩挑方式，經蠔涌、大藍湖、飛鵝山的茶寮往九龍城。而沿海的漁穫亦有集中在南圍、蠔涌，以肩挑的方式運往九龍……日治時期……汽車可以由西貢直達九龍，大大改善了西貢墟的對外交通。亦因此而使以往經蠔涌、茶寮凹往九龍的西貢古路，人煙漸渺。」[34]

❖ 蠔涌河口

　　蠔涌車公廟（車公古廟）主要供奉車公。車公是宋朝的大將軍，曾經平定華南某場戰爭叛亂，道教人士奉之為神靈。此車公廟有 470 多年歷史，與沙田車公廟的設立時間相距約 200 年，兩者更有着爺孫的關係。目前此廟已被列為香港一級歷史建築。

❖ 蠔涌車公廟

30）黃毛應子走無蹤——黃毛應

　　黃毛應，又稱為「黃茅」、「蘇茅」，位於西貢東面的雞冠山的腰上。昔日，東江縱隊在村中教堂成立「廣東人民抗日游擊總隊港九大隊」，後稱「港九獨立大隊」。抗日戰爭時期，日軍在黃毛應村搜捕游擊隊隊員，因未能成功，便把村民帶到教堂內嚴刑迫供致死。

❖ 黃毛應教堂

《圍名歌》地圖

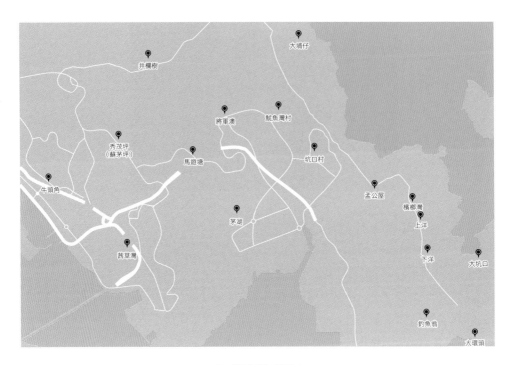

❖ 《圍名歌》地圖1

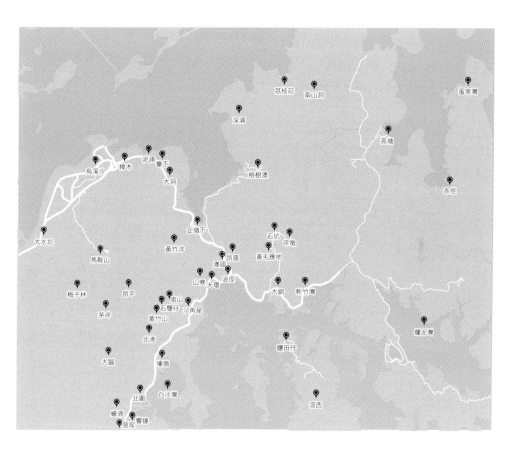

❖《圍名歌》地圖 2

從這兩張地圖可見許永慶足跡幾乎遍及整個西貢，故把《圍名歌》視為西貢人文風物志也不為過。

附錄：〈圍名歌版本比對表〉[35]

　　許永慶曾寫作了四部《圍名歌》，因其篇幅頗鉅，比較不易，故此，下面將以其中一部作品──〈西貢六約竹枝詞集圍名（十九首）〉，作為研究對象，以點帶面式，展示各個版本之不同。

01	徐本[36]	井欄樹茂發奇香，祝[37]屋平分上下鄉，遙望澳頭通路界，山行時過馬遊塘。
	李本[38]	井欄樹茂發奇香，築屋平分上下鄉，遙望坳頭通路起，山行時過馬遊塘。
	程本[39]	井欄樹茂發奇香，築屋平分上下鄉，遙望奧頭通路界，山行時過馬遊塘。
	賴本[40]	井欄樹茂發奇香，築屋平分上下鄉，遙望奧頭通路界，山行時過馬遊塘。
	詹本[41]	井欄樹茂發奇香，祝屋平分上下鄉，遙望澳頭通路去，山行時過馬油塘。

02	徐本	春遊忽到蘇茅坪，瞥見牛頭角又生，茜草灣前多石匠，山歌嘹亮一聲聲。
	李本	清遊忽到蘇茅坪，瞥見牛頭角又生，茜草灣前多石珳，山歌嘹亮一聲聲。
	程本	清遊忽到蘇茅坪，瞥見牛頭角又生，茜草灣前多石匠，仙歌嘹亮一聲聲。
	賴本	清遊忽到蘇茅坪，瞥見牛頭角又生，茜草灣前多石匠，仙歌嘹亮一聲聲。
	詹本	春遊忽到蘇茅坪，睇見牛頭角又生，西草灣前多石匠，山歌嘹亮幾重山。

03	徐本	聞道茅湖屋數家，將軍澳處景繁華，魷魚灣起波中錦，水面生涯莫浪誇。
	李本	聞道茅湖屋數家，將軍澳處更繁華，魷魚灣起波中錦，海面生涯莫浪下。
	程本	聞道茅湖屋數家，將軍凹處更繁華，遊魚灣起波中錦，水面生涯莫浪誇。
	賴本	聞道茅湖屋數家，將軍澳處更繁華，魷魚灣起波中佛，水面生涯莫浪誇。
	詹本	魷魚灣起波中錦，海面生涯莫浪下。
04	徐本	坑口榔灣一帶連，蛋姑歌唱夕陽天，何人來接孟公屋，風物人倫亦蔚然。

	李本	坑口欖灣一帶連，蛋家歌唱夕陽天，何人遺跡孟公屋，風流人文亦蔚然。
	程本	坑口欖灣一帶連，蛋姑歌唱夕陽天，何人遺蹟孟公屋，風物人文亦蔚然。
	賴本	坑口欖灣一帶連，蛋姑歌唱夕陽天，何人遺跡孟公屋，風物人文亦蔚然。
	詹本	坑口郎灣壹帶連，蛋家歌唱夕陽天，何人來接孟公屋，風物人倫亦偉然。

05	徐本	上洋行過下洋來，偶遇釣魚翁上台，借問大環頭裏過，大坑口亦可徘徊。
	李本	上洋行過下洋來，偶遇釣魚翁上台，借問大環頭裏過，大坑口亦可徘徊。
	程本	上洋行過下洋來，偶遇釣魚公上台，借問大環頭裏過，泰坑口亦可徘徊。
	賴本	上洋行過下洋來，偶遇釣魚公上台，借問大環頭裏過，泰坑口亦可徘徊。
	詹本	上陽行過下陽來，偶過釣魚公上台，借問大灣頭裏過，大坑口亦可徘徊。

06	徐本	梅子林間再一行，遊遊不覺到茅坪，迴環聳翠多奇景，黃竹山高不必驚。
	李本	梅子林間再一行，遊遊不覺到茅坪，　　　　　　，黃竹山高不必驚。
	程本	梅子林間再一行，流連不覺到茅坪，層巒聳翠多奇景，黃竹山高不必驚。
	賴本	梅子林間再一行，流連不覺到茅坪，層巒聳翠多奇景，黃竹山高不必驚。
	詹本	梅子林間再壹行，遊遊不覺到茅坪，徊環聳翠多奇景，黃竹山高不必驚。

07	徐本	石壘仔是定行蹤，直上昂坪捉地龍，回首馬鞍山頂望，居然人在廣寒宮。
	李本	石壘仔細定行蹤，直上昂坪捉地龍，回首馬鞍山頂望，居然人在廣寒宮。
	程本	石壘子細定行踪，直上昂坪捉地龍，回首馬鞍山頂望，居然人在廣寒宮。
	賴本	石壠子細走行踪，直上昂坪捉地龍，回首馬鞍山頂望，居然人在廣寒宮。
	詹本	石壘仔是定行蹤，直上昂坪捉地龍，回首馬鞍山頂望，居然人在廣寒宮。

08	徐本	烏龜沙上景盤桓，大水坑源水一灣，崋下泥涌通路過，春來樟木茂如山。
	李本	烏龜沙上舞盤桓，大水坑源海一灣，崋下泥涌通路過，春來樟木茂如山。
	程本	烏龜沙上舞盤桓，大水坑原海一灣，崋下坭涌通路去，春來樟木茂如山。
	賴本	烏龜沙上舞盤桓，大小坑原海一灣，崋下泥涌通路去，春來樟木茂如山。
	詹本	烏溪沙上景盤桓，大水坑源水一灣，崋下坭涌通路過，春來樟木茂如山。

09	徐本	樂業人居大洞邊，耕田討海亦皆能，遨遊偶向企嶺下，浪徑深涌一帶連。
	李本	樂業人居大洞邊，耕田討海亦皆能，遨遊偶向企嶺下，浪徑深涌亦帶連。
	程本	樂業人居大洞邊，耕田導海亦皆能，遨遊偶向岐嶺吓，浪徑深涌一帶連。
	賴本	樂業人居大洞邊，耕田討海亦皆能，遨遊偶向歧嶺下，浪徑深涌一帶連。
	詹本	落業人居大洞邊，耕田討海亦皆能，遨遊偶向企嶺下，浪徑深涌壹帶連。

10	徐本	閒遊不覺荔枝莊，并至南山各小鄉，海面生涯榕樹澳，白沙灣住打漁郎。
	李本	閒遊不覺荔枝莊，甚至南山各小鄉，海面生涯榕樹澳，白沙灣住打漁郎。
	程本	閑遊不覺荔枝莊，并至南山各小鄉，海面生涯榕樹凹，白沙灣住打魚郎。
	賴本	閑遊不覺荔枝庄，並至南山各小鄉，海面生涯榕樹凹，白沙灣住打魚郎。
	詹本	春遊不覺荔枝莊，並及南山各小鄉，海面生涯榕樹澳，白沙灣是打漁郎。

11	徐本	山寮連絡大環村，大網坪墩幾路分，沙角尾村人物眾，南山昂窩路悠悠。
	李本	山寮連絡大環村，借問葵涌歷幾秋，沙角尾村人物眾，南山昂我路悠悠。
	程本	山寮聯絡大灣垗，借問坪墩住幾秋，沙角尾村人物眾，南山昂窩路悠悠。
	林本	山寮連絡大灣垗，借問坪墩住幾秋，沙角尾村人物眾，南山昂路悠悠。
	詹本	山寮聯絡大灣村，大網坪墩幾路分，沙角尾居人物眾，南山昂我分分。

12	徐本	滘西隔海打蠔墩，黃竹洋來日已昏，行向爛泥灣裏過，蛋家灣上捕魚忙。
	李本	滘西海隔打蠔墩，黃竹洋來日已昏，行向爛泥灣裏過，蛋家灣上攞魚忙。
	程本	告西海隔打蠔墩，黃竹洋來日既昏，行向爛泥灣裏過，黃麠地走唯桑弧。

	賴本	滘西海隔打蠔墩，黃竹洋來日既昏，行向爛泥灣裏過，黃麞地走握桑弧。
	詹本	滘西海隔打蠔墩，黃竹洋來日已昏，行向爛泥灣裏過，黃麞子應走喪狐。

13	徐本	北港澳頭西貢街，生成大埔仔無猜，鹽田仔細堪遊玩，到處晨雞一樣啼。
	李本	北港坳投西貢街，生成大坺仔無情，鹽田子細堪遊玩，到處晨雞一樣啼。
	程本	北港奧投西貢街，生涯大網子無猜，鹽田子細親遊遍，到處晨雞一樣啼。
	賴本	北港坳投西貢街，生涯大網子無猜，鹽田子細親遊遍，到處晨鴉一樣啼。
	詹本	北廣澳投西貢街，生成大坺仔無猜，鹽田子細堪遊玩，到處雄雞壹樣啼。

14	徐本	停車窩尾抵蠔涌，大腦神前廟響鐘，北港北圍連絡盡，船枚西貢納清風。
	李本	大腦神前廟響鐘，車公廟設在蠔涌，北港北圍聯絡起，船枚西貢納清風。
	程本	停車窩尾抵蠔涌，大老神前廟響鐘，北港北圍連絡盡，船枚西海納清風。
	賴本	停車窩尾抵蠔涌，大老神前廟響鐘，北港北圍連終盡，船枚西海納清風。
	詹本	停驂窩尾抵蠔涌，大佬神前廟響鐘，北廣北圍聯絡盡，船枚西貢樂春分。

15	徐本	斬竹灣彎作戰弓，黃毛應子走無蹤，遙指石坑和赤徑，即見高塘大浪吹。
	李本	
	程本	斬竹灣彎作戰弓，黃毛鷹子走無踪，遙指石坑和赤徑，蛋家灣住攞魚翁。
	賴本	斬竹灣彎作戰弓，黃毛鷹子走無蹤，遙指石坑和赤徑，蛋家灣處攞魚翁。
	詹本	斬竹灣灣作箭弓，黃毛鷹子走無蹤，遙指石坑和赤徑，蛋家灣是攞魚公。

16	徐本	
	李本	
	程本	借問行人何處宿，龍船灣泊月如銀。
	賴本	借問行人何處宿，龍船灣泊月如銀。
	詹本	借問行人何處宿，龍船灣泊月如銀。

17	徐本	
	李本	
	程本	大埔子可值行藏，嬌女牽情飾野粧，竹角南園人壯勇，沿村多是打魚郎。
	賴本	大埔子可值行藏，嬌女牽情節野粧，竹角南圍人勇壯，沿村多是打魚郎。
	詹本	大埗仔是定行藏，嬌女牽情飾冶妝，竹角南圍人壯勇，圓墩多是打漁郎。

18	徐本	
	李本	
	程本	白沙奧向海下來，一夢高塘大浪催，唯過大灘須壯上，木頭舟自北潭開。
	賴本	白沙澳向海下來，一夢高塘大浪催，唯遇大灘須壯上，木頭舟自北潭開。
	詹本	白沙澳向海下來，即見高塘大浪吹，唯看大灘須嶂上，木頭舟渡北潭開

19	徐本	
	李本	
	程本	去年前到鯽魚湖，上下窰通共一途。
	賴本	去年前列鯽魚湖，上下窰通共一途。
	詹本	去年曾到鯽魚湖，上下窰統共壹途。

20	徐本	
	李本	
	程本	去年既至相思灣，大澳茅埔屋數間。田下蕉窩逢客問，更遊布袋凹方還。
	賴本	
	詹本	

註釋

1　篇名取材自《圍名歌・徐本》:「坑口櫪灣一帶連,蛋姑歌唱夕陽天」。「圍名歌」
　　獲香港政府納入香港首份非物質文化遺產清單中的「表演藝術」類別,編號為 2.16。

2　據葉賜光說,「月令歌」是「描述四時大自然的變化」,也是「村民務農之依據」。
　　詳見葉賜光:《香港西貢及其鄰近地區歌謠》(香港:香港中文大學音樂系中國音樂
　　資料庫,2012 年),頁 110。

3　葉賜光:《香港西貢及其鄰近地區歌謠》,頁 127。

4　周建渝編著:《城市文化與人文視野》(香港:香港中文大學香港亞太研究所,2009
　　年),頁 146。

5　沙田區議會編:《沙田古今風貌》(香港:沙田政務處,1997 年),頁 97-109。

6　西貢區議會文化康樂體育委員會保存及推廣西貢鄉土民謠工作小組:《西貢山歌選》
　　(香港:西貢區議會文化康樂體育委員會保存及推廣西貢鄉土民謠工作小組,1987
　　年),頁 16-17。

7　葉賜光:《香港西貢及其鄰近地區歌謠》,頁 110-111。

8　沙田區議會編:《沙田古今風貌》,頁 97-109。

9　葉賜光:《香港西貢及其鄰近地區歌謠》,頁 111。

10　饒玖才:《香港地名探索》(香港:天地圖書有限公司,1998 年),頁 188。

11　葉賜光:《香港西貢及其鄰近地區歌謠》,頁 111。

12　程中山選注;嶺南文庫編輯委員會、廣東中華民族文化促進會合編:《香港竹枝詞
　　選》,頁 14。

13　程中山選注；嶺南文庫編輯委員會、廣東中華民族文化促進會合編：《香港竹枝詞選》，頁 15。

14　葉賜光：《香港西貢及其鄰近地區歌謠》，頁 169。

15　詳可參考本文附錄〈「圍名歌」版本比對表〉。

16　程中山選注；嶺南文庫編輯委員會、廣東中華民族文化促進會合編：：《香港竹枝詞選》，頁 21。

17　馬木池等：《西貢歷史與風物》（香港：西貢區議會，2003 年），頁 53。

18　練子強等：《坑口鄉事委員會五十周年特刊》，（香港：坑口鄉事委員會，2007 年 10 月 13 日），頁 72-73 頁。

19　馬木池等：《西貢歷史與風物》，頁 53。

20　馬木池等：《西貢歷史與風物》，頁 56。

21　馬木池等：《西貢歷史與風物》，頁 56。

22　〈成張兩族一家親碑記〉現存於孟公屋村成氏家祠之內。

23　劉義章主編：《香港客家》（桂林：廣西師範大學出版社，2007 年），頁 247。

24　劉志鵬等：《新安縣志——香港史料選》（香港：和平圖書，2007 年），頁 29。

25　西貢區鄉事委員會、胡綽謙主編：《西貢鄉文化探索》（香港：西貢區鄉事委員會，2013 年），頁 48-51。

26　劉志鵬等：《新安縣志——香港史料選》，頁 52。

27　西貢區鄉事委員會、胡綽謙主編：《西貢鄉文化探索》，頁 40-43。

28　《康熙字典·芋》引《本草綱目》曰：「《本草》取芋根和米粉為餅禦饑，味甘美。」

29　西貢區鄉事委員會、胡綽謙主編：《西貢鄉文化探索》，頁 12-15。

30　馬木池等：《西貢歷史與風物》，頁 104、107。

31　西貢區鄉事委員會、胡綽謙主編：《西貢鄉文化探索》，頁 16-19。

32 同上註。

33 西貢區鄉事委員會、胡綽謙主編:《西貢鄉文化探索》,頁 20-23。

34 馬木池等:《西貢歷史與風物》,頁 41。

35 因為這是根據現存五個版本整理出的結果,分別順序如下:徐月清版本、李帶整理
版本、程中山版本、賴彬版本、詹雲飛及鄭嬌整理的版本。本來林瑞鴻是現存唯一
文字記錄版本,但因為寫作時未取得此版的書影,故未能在此表中展示。唯林瑞鴻
版本的面貌卻可在程中山《香港竹枝詞選》、葉賜光《香港西貢及其鄰近地區歌謠
研究》二書看見。程中山《香港竹枝詞選》是根據林瑞鴻手抄記錄《圍名歌》整理
出來的版本;而葉賜光《香港西貢及其鄰近地區歌謠研究》是由一名客家村民賴彬
錄製,而他自稱他所唱的就是林瑞鴻的版本。

36 李帶女士女兒,徐月清女士的版本。

37 「祝」當改為「築」。因為井欄樹村非祝姓村落,故此處「祝」當為筆誤。按全句意
思,當指井欄樹村分為上下村。

38 葉賜光據李帶女士版本收錄。根據李帶女士之女徐月清說,其母親之版本為許永慶
作者所教,是最接近原版。又根據葉賜光在《香港西貢及其鄰近地區歌謠研究》中,
指出李帶女士的版本之傳唱的曲調有別於林瑞鴻《各款雜詩》中圍名歌的曲調。詳
見葉賜光:《香港西貢及其鄰近地區歌謠》,頁 188。

39 程中山選注;嶺南文庫編輯委員會、廣東中華民族文化促進會合編:《香港竹枝詞
選》,頁 14-15。

40 葉賜光所得宿儒林瑞鴻的版本,由一位賴杉先生根據林瑞鴻版本而唱出的圍名歌。
詳見葉賜光:《香港西貢及其鄰近地區歌謠》,頁 188。

41 此本為詹雲飛及鄭嬌女的整理版本,刊於《沙田古今風貌》。詳見沙田區議會編:《沙
田古今風貌》,頁 97-109。

第 **3** 章

行過下洋來
——天主教和鹽田梓 [1]

利瑪竇（1552 年 10 月 6 日年 -1610 年 5 月 11 日），號西泰，又號清泰、西江。意大利的天主教耶穌會傳教士、學者。明朝萬曆年間（1573-1620 年）來到中國傳教。利瑪竇是天主教在中國傳教的最早開拓者之一，也是第一位閱讀中國文學並對中國典籍進行鑽研的西方學者。他通過「西方僧侶」的身份，「漢語著述」的方式傳播天主教教義，並廣交明朝官員和社會名流，傳播西方天文、數學、地理等科學技術知識，他的著述不僅對中西交流作出了重要貢獻，對日本和朝鮮半島上的國家認識西方文明也產生了重要影響。

自十六世紀，利瑪竇（Matteo Ricci, 1552-1610）等人來華傳教始，羅馬教廷一直試圖把天主教的信仰傳進中國。明朝萬曆三年（公元 1575 年）羅馬教廷於澳門設立教區（當時澳門是葡萄牙的租借地）。教區管轄範圍包括中國、日本和鄰近島嶼。

1841 年以前，香港對於羅馬教廷的傳教事業，仍可算是無足輕重。1841 年 1 月 1 日英國佔領香港（島）後，僅 4 個月左右（同年 4 月 22 日）羅馬教廷即把香港（島）劃出澳門教區，把澳門的傳信部駐華總務處（Procura in China，下稱「駐華總務處」）遷至香港，設立「香港天主教教會」。[2] 自此，香港彷彿從舞台邊緣站到台中央，開始擔當着讓羅馬教廷直接把信仰傳進中國的重要角色，可以算是天主教傳入中國的「中途站」。

鹽田梓村是位於西貢一個離島上的客家村落。19
世紀 60 年代，和神父（Simeon Volonteri）和柯神父
（Cajetano Origo）兩位意大利傳教士首次到訪鹽田梓
村，並在 1866 年為全村施洗，於是鹽田梓成為了香港
首條全村信教的「天主教村」，是天主教傳教事業的一
個里程碑。有別於一般客家村落，鹽田梓村內沒有祠
堂，只有教堂；沒有私塾，只有學校。這些天主教的
足跡並沒有隨歷史洪流消失；相反，在鹽田梓陳氏家
族的保存下，仍屹立在這孤懸海外的小島上。

一、天主臨客家

據夏其龍神父的研究，「客家陳氏家族於 15 世紀
從北方移居廣東五華，於 18 世紀再移至深圳觀瀾。19
世紀陳氏三支分別移居西貢鹽田仔，大埔鹽田仔（近
船灣避風塘）及上水坪洋（打鼓嶺）。」[3] 在成為天主
教村落以前，鹽田梓村的村民過着傳統客家族群的生
活——崇拜祖先、信奉儒釋道以及各種民間信仰，[4]
這些信仰也是中國恆久以來的傳統信仰。

直至和神父、柯神父於 1864 年首訪鹽田梓後，兩
年間鹽田梓便蛻變成為了天主教村落。據記錄，當時
共有 40 名付洗教徒，1872 年人增至 43 名，1892 年增
至 110 名，至 1959 年增至高峰，共 193 名教徒。[5] 後
來，隨着村民逐漸遷離本島，村內教徒的數目也相應
減少。我們知道，天主教的信仰不容許教徒崇拜偶像

夏其龍神父，廣東梅縣
人。現為香港中文大學崇基
學院神學院客座助理教授。
研究興趣包括香港本地史、
中國基督宗教史等。

和神父於 1831 年出生
在意大利米蘭，他在 1860
年 2 月 7 日抵達香港傳教，
1874 年到河南擔任主教，
1904 年於河南去世。

柯神父於 1835 年 8 月
7 日生於米蘭，1858 年晉
鐸，1861 年 3 月 26 日由意
大利前赴香港。來港以後，
他主要負責士兵與囚犯的傳
教工作。1864 年，柯神父被
派往大埔汀角擔任和神父的
副手。1865 年，他是第一位
在西貢定居下來的傳教士，
並在當年建立一個聖堂，形
成第一個基督徒的團體。

和天主教以外的一切神明；要客家村落做到這一點，其實一點都不容易。正如夏其龍神父所言：

> 客家人向來有強烈的族群思想及鞏固的傳統觀念。客家族群中的祭祖拜山，設立神龕供奉靈主是世俗制度和普化宗教相混和的傳統，有它存在的社會作用，不容易動搖。可是，在信奉天主教前，他們卻要首先焚毀「迷信物」，放棄供奉神龕等。這是 19 世紀天主教傳教士對進教人士的第一個要求。所以當時向客家傳教並不是一件容易的事。[6]

在鹽田梓成為「教友村」的過程中，村民一方面必須接受天主教信仰，另一方面，同時也需要放棄固有的傳統信仰。

1）力保家園存

本書把清朝康熙年間「復界」之後遷入香港地區的人，稱為「客家人」；之前的稱為「本地人」。[7] 這群本地人之中，又以新界五大家族的影響力最大。由於他們遠比「客家人」早抵達香港，因利乘便，據有了新界北部相對肥沃、廣袤的土地。經過世代繁衍，他們在人數上、地理上都較後來的「客家人」具優勢，故此在日常的衝突中，[8] 往往是勝出的一方。勢力相對較弱小的「客家人」，為了保護自己的宗族，自然想方設計要引入別的力量以抗衡，而傳教士於此成為了一股不容忽視的力量。

19 世紀才遷至鹽田梓的陳氏家族當然也面對這個境況。除了來自新界大族的壓力外，治安問題也是陳氏家族所憂心的。當時的新界，一方面因為處於中國的邊陲，清政府難以管理；另一方面，因為仍是清政府管治，故港英不能插手新界事務。如此一來，治安環境怎會好？一如其他客家村落，鹽田梓村長和長老必須自行想辦法，保護家園。當時的傳教士與英國政府的關係良好，不少英國官員和

軍人更是虔誠的天主教徒;「西方人在中國土地上成了有軍事、政治、經濟能力的強者,西方的傳教士亦成為這權勢者的一分子」,[9]因此傳教士在港英時期擁有一定的話語權。鹽田梓的村長和長老們有可能是考慮到這一點,因而決定信奉天主教,藉此保護鹽田梓的村民。陳志明副主教和夏其龍神父均提到,早期天主教的信仰比今天簡單得多,一般只要村長和長老們決定受洗,全村村民自然也會跟隨受洗,這也解釋了為何鹽田梓會成為「教友村」。

很可惜,現存有關鹽田梓村受到盜賊侵擾的記載不多,唯一找到的是一段鹽田梓村民的口述記錄:

> 太平天國時(1851-1872年)⋯⋯那時的紅頭賊,就去鹽田仔打劫,那時很多賊人⋯⋯那都是那個老婆婆告訴我的,我們都叫她八婆的。後來村民信天主教,賊人來打仗,不敢在前面上,便在後面上,一踏腳就被蠔刺傷腳,說甚麼是不好兆頭,就走了。以後來到也不打劫。另外,賊人一上岸就會望到的那座很高的山,我們稱之為火燒嶺,有一個老公公拿着手杖趕他們走,那就是聖若瑟,所以,鹽田仔就建聖瑟堂。村民那麼虔誠就是如此原因。[10]

這裏,我們有兩點需要注意:第一、這裏的「紅頭賊」是否就是太平天國軍士,已無從考證。或者是當日的「紅頭賊」是太平天國的餘黨,又或者是一群打着太平天國旗號的賊子。第二、「後來村民信天主教」,「賊人」不敢從「前面」侵入村落一事,無疑說明了「天主教」保護了村民,使其免受賊侵。鹽田梓村的天主教堂座落於島的前方,「紅頭賊」為免得罪傳教士,故選擇了繞路到島後面入侵村落;然而,村後卻設有「蠔殼」陷阱,所以「紅頭賊」還是無果而返。這一方面如信奉天主教的村民所說,是宗教的靈力;另一方面,也說明了作為「洋人」的傳教士的現世力量龐大,一般的賊人都不願得罪他們。

總的來說,鑑於現存文獻、文物的匱乏,我們已沒法考證這段口述史料的準

確度，不過，從其中，我們可以相信：在如此治安不寧的年代，身為洋人的傳教士無疑是保護村落的一股不容忽視的力量。

2）他者與自身

鹽田梓原是一條客家村，後來成為一條「天主教村落」。從文化研究角度來看，由於鹽田梓村民是移居香港的後來者，是相對「本地人」弱小的一個族群，故其族群的「自身」（Self）意識也相對薄弱；在面對強大得連清廷都無可奈何的「他者」（The other）——西方文化（更具體地説，鹽田梓村面對的是天主教文化與信仰），鹽田梓村的「自身」出現動搖。結果，鹽田梓村以屬於強勢的「他者」去保護、鞏固屬於弱勢的「自身」，化解這個動搖危機。因此，在此時候，適逢天主教的傳入，一個結合了客家文化與天主教信仰的村落也因緣際會地形成了。在這個過程中，鹽田梓村民並沒有偏棄其「自身」（客家族群）的意識與身份，他們仍然以客家人自居，同時接受了「他者」（天主教教徒）的身份；這兩個身份並沒有互相排斥，反而互相補足，讓他們在不背離傳統之餘，信仰着新來的天主教。

夏其龍神父認為：「傳教士以剷除迷信的方式來引入新的宗教，姿態上是以新文明的啟蒙者自居，是村民接觸西方文明的媒介。為這些村民，領洗入教便是踏出悶局的第一步。」[11]這裏的「新的宗教」、「新文明」、「西方文明」，就是前文所謂的「他者」（The other）。而在成為「天主教村」的過程中，作為「他者」的天主教信仰，不消兩年，便與「自身」同化。這個「同化」的過程原本是由強者主導的，但經過傳教士與鹽田梓村民的轉化、接受與努力，漸漸受到鹽田梓村民所認同。這從鹽田梓村受洗村民數字的遞增可見一斑。天主教傳教士對鹽田梓村村民施予的福利（例如前文所説的保護村落，及後文所説的教育），促使這「他者」轉化成「自身」的過程，變得更順暢。同時，鹽田梓村有別西貢其他雜姓村落，它只由單一的陳姓宗族組成，所以鹽田梓村在信仰上相對更為堅定，教友之

❖ 鹽田梓村內的聖若瑟小堂。每年五月的首主日，已遷居的鹽田梓村村民都會回到聖若瑟小堂，參與主保瞻禮慶日。主保瞻禮現被收入《香港首份非物質文化遺產清單》之列。

間也更為團結。

　　到底信奉天主教，是出於心靈的訴求，還是實際的考量，現已無從稽考了。但是，無疑在傳教士的保護下，鹽田梓村能免卻不少生活上的逼迫。後來，「他者」轉化成「自身」後，因着自身單姓村落的特點，鹽田梓村的天主教信仰卻變得比其他村落更為牢不可破。故此，鹽田梓村先後共有兩位司鐸和五位修女，包括陳丹書神父（Rev. Chan, Tang Shue Joachim, 1890-1975）和現任香港教區副主教陳志明神父。[12]

二、辦學身教啟

　　天主教傳教士一向很重視在傳教地區建立學校，一方面是出於為教友提供天主教教育的想法，另一方面也是藉着學校之便，與非教友接觸。夏其龍神父在〈香港客家村落中的天主教〉一文引用了師多敏神父（Bishop Pozzoni, Dominic MEM）的信說明了這個做法：

　　　　西貢區的 7 間學校中，有 6 間我去過。從這數月來的觀察，學校

有很大的傳教作用。首先，使傳教士和非教徒之間建立良好關係。這
裏的學校除了一間外，其他全是教徒和非教徒混合上課的。最大的作
用是他們能一起生活，使非教徒對教會有好感。學校全日上課，有些
學生更留到晚上。學生只在吃飯及睡覺時才回家，其他時間不准在校
外流連，只可坐在課室內。這樣，學生看到教徒的榜樣，尤其是教師
定時進堂頌經，及向教徒教授要理，心裏會傾慕入教。但是非教徒的
父母會阻止他們入教。其實，學校有它的必要性，尤其是為已入教的
兒童。沒有學校，他們會成為文盲，被人鄙視和欺騙，連帶教會也被
貶抑。教會若不辦學，入教兒童要到外教學校讀書，受仇教的教師熏
陶，最後會離棄教會，或起碼因為沒有人教導而不認識要理和經文。
傳教士總是東奔西跑，不會在一處固定下來，沒有時間教導兒童。奉
教父母也因學識不多不會教導。學校十分重要，反而美麗的教堂及宿
舍是其次。在一處建立美麗的教堂而沒有足夠金錢在別處也建築一樣
美麗的教堂，反而會引起紛爭。[13]

　　師多敏神父在信中解釋他對教會辦學興教的看法，其帶出的重點主要有三
項：

　　(1) 學校創造了一個讓傳教士與非教徒建立良好關係的機會。因為他們除了
吃飯與睡覺外，一整天都一起生活，所以非教徒可以有極多機會接觸天主教，而
且更能耳聞目睹教徒的言行。這不單是言教，更是身教。

　　(2) 教會讓已成為教徒的兒童有機會接受教育，不至成為文盲，被人鄙視與
欺騙，影響教徒與教會的形象。如果教徒被視作與文盲、愚民同等，教會將更受
到傳統大族的鄙夷，傳教的難度也有增無減。而且，教會辦學也杜絕了已成為教
徒的兒童要到外教學校學習的情況。

　　(3) 天主教徒佔村內人數的少數，因此，教會學校成為了教徒之間相處與交
往的地方。這樣一來，已入教兒童的信仰將更形堅固。

除了教會本身想藉興辦學校傳教外，當時的香港政府同樣有意通過學校協助基督教與天主教傳教。通過阮柔〈戰前香港教育發展概述〉一文，我們可以了解當時政府的想法：

> 香港政府很早就有學校補助的辦法了。第二任總督戴維斯的時候已經有十一間細小的學校領受着政府每月五圓的補助。當時為着這種補助金的管理，政府就設有「教育委員會」（Committee of Education）。政府的意思是想一切補助的學校都成為傳教或「勸人入教」的場所。
>
> 從 1850 年「教育委員會」關於補助學校的報告看，我們找得他們有一句關於這類的結果的話：「各教員都是經已宣認的基督徒（Professed Christians）了。」這個報告並且將般會督所編教會的問答（Bishop Bone's Catechisms）列為各校用書之一；而這個教會問答又已譯成中文列為必修科，由這些經已宣認的教徒照樣的去教了。[14]

當時，香港政府把教會問答編成各校的用書，又把這個「教會問答」譯成中文列為必修科。雖然情況未必像論者所說「一切補助的學校都成為傳教或『勸人入教』的場所」，但這無疑是製造了一個理想的場所讓教會推廣教理。夏其龍亦認同興辦學校的確有助教會傳教。他在〈香港客家村落中的天主教〉一文中引述一個「高主教與碗窰傳道員 Kim-siu」的故事。故事中的碗窰村傳道員 Kim-siu（客家人）正因為從小就接受教會教育，隨後成為了教會的傳道員，並且說服了自己的兄弟受洗。[15] 這顯然是一個例證，說明學校對教會傳教的重要性。

其實，無論是從教會的角度，還是客家人的角度來看，學校也有其存在的必要。夏其龍神父指出：「客家人有這個學習需要，尤其看到清朝科舉制度的沒落」。以大埔碗窰為例，當年就是應村民要求，創建了一所學校。傳教士在碗窰辦的第一件事，是為預備參加公開考試的兒童，開辦了一間只有兩班的學校：一班為小童，另一班為較大的兒童。[16]

大埔碗窰村一帶，水源豐富，並出產優質的瓷土礦，由明代開始，已有文、謝二族經營窰場，製作青花瓷器。雖然清初的遷界令窰場一度荒廢，但遷界令放寬後，又慢慢恢復過來。康熙十三年（1674年），南遷至大埔的客家馬氏族人，向泰亨文氏購買窰場。至清朝中、後葉，碗窰村的陶瓷事業已甚具規模，產品行銷至江門一帶，一度有「海濱瓷都」之稱。

客家人素來非常重視教育。據《新安縣志》記載，早在宋徽宗崇寧年間（1102-1106），致仕官員鄧符（字符協，宋神宗熙寧二年〔1069〕進士，曾任廣東陽春縣令）在錦田村（當時屬於東莞縣）桂角山下建立「力瀛書院」，距今近千年之久。

❖ 碗窰村昔日的學校，關帝廟就在其左方。現在學校已停辦，並改作為展覽館。

事實上，碗窰鄉民一向重視下一代的教育。根據《香港碑銘彙編》所錄的〈重修本廟題助碑〉（此碑原位於大埔汀角村關帝廟）已可見一斑。此石碑立於「乾隆五十年孟冬月吉旦立」，記錄了104位善長的名字與捐獻數目。[17] 善長之多，足見碗窰鄉民對教育的重視，與此同時，這也可見客家人對教育的重視。這所學校座落於汀角村關帝廟旁，深受當地的村民重視。

及至清代，新界學塾已有約50所，主要分佈在錦田（鄧）、屏山（鄧）、廈村（鄧）、上水（廖）、大埔（鄧）、粉嶺（鄧）、沙頭角等地，而這些村落也正是香港早期移民——「新界五大家族」的聚居地。

❖ 今日碗窰村的關帝廟

天主教興辦教育既是出於傳教考慮，同時也是回應客家村民的訴求。在面對傳統科舉的衰落、西學的興起，出於生活的考慮，客家村民都願意把子女送到教會學校。夏其龍神父指出，大部分客家村村民對學

校的要求都不高，不過是想子女識字，並不是要報考科舉；於是，這些學校大多會延請一些中國的塾師教授中文，而傳教士則負責外語等。

三、鹽田澄波遠

姑勿論教會興辦學校是否有助其傳教；客觀上，興辦學校確為當時的客家人帶來了很多大的幫助。約 100 年前（1920 年），香港第一條天主教村——西貢鹽田梓村興辦了一所學校——澄波學校，成為了這條天主教村落現今的一個重要歷史文化遺蹟。

1866 年，柯神父為 7 位來自鹽田梓村的村民施洗。同年聖誕節又邀請和神父為鹽田梓村其餘 33 位村民施洗。由於傳教及村民的實際需要，教會後來在鹽田梓創建了澄波學校。

澄波學校讓原來無機會接受教育（不論傳統學塾教育或西式教育）的村民，有了一個接受教育的可能，而村民也始有望通過知識改變命運。以務農、捕魚與曬鹽為生的鹽田梓村村民，並不希冀孩子通過讀書，成就一番偉業；相反，他們一如當時的客家村落，只期望「讀上一年半載便到店舖子上來學生意了。他們的目的是求子弟認識一兩個字，學識記帳，或得些聖賢的道理，此外並不是求什麼別的教育」。[18]

早期，村內只有十多名學生就讀於澄波學校，發展到後期，學生數目上升。剛開始時，澄波學校只有一名職工，同時兼任校長、老師與雜工，「他叫鄒伯楊老師。他在開始的時候，全家都住在我們條村，他有一位太太和一個兒子。後來，多了一兩個小孩後就搬去西貢。因為是鄉村學校，人數很少，大概都不超過 20 個學生，有 6 班，每班只得幾個人。科目亦都是十分簡單，有中文，叫做國語；有數學，那時叫算術；有尺牘，即是教我們怎樣寫信；有農村常識，就是這麼多。我們還有體育堂，有勞作堂，還有農村常識，我估計不是鄉村學校就一定

陳瑞珍女士（珍姐）。土生土長的鹽田梓村村民，曾在澄波學校讀書。20 年前，她出嫁後，遷出鹽田村。最近四年，她決心回到鹽田村，積極投入保育文物工作。現為鹽田梓文物館擔任導賞員。

《東萊博議》，又稱《左氏博議》，作者南宋呂祖謙，是「為諸生課試之作」。全書共四卷，選《左傳》文 66 篇，分析透徹，議論明達，不少地方闡發了他卓越的史學思想。

不會有的。」當年的學生陳子良憶述早期澄波學校的情況。[19] 鹽田梓村村民陳瑞珍（珍姐）說：「當時村內共有十多位學生，到了 1980 年代，全村的學生上升到二、三百人。這批學生的父母漁民，在鹽田仔沿岸地區捕魚。他們工作期間，會將孩子送到鹽田仔讀書。當時西貢碼頭也設有專船接載學生到鹽田仔上學。」由於澄波學校只有兩間課室，不能容納二、三百位學生，所以學校的上課時間，分為上、下午校。

當時新界的學校，一般都是「私塾」，它們的課程「只有《四書》，《五經》，《古文評註》，《東萊博議》等，故一般文化水準是很低的，思想很不前進的」。[20] 故此，澄波學校算是十分先進。它在上世紀 60 年代是全西貢九十九條鄉村中，唯一有英文學習班的學校。[21] 陳志明副主教形容，這是「一個家庭式的，所謂鄉村式的學校。同學間的風氣是很淳樸，當然他們學習的東西有別於外面學校那些死記爛背，相反是很注重全人發展的，一個很好的家庭、一個很好的團體」。後來學生人數漸多，由數十人增長至上百名學生。故此澄波學校增聘數位老師任教不同科目，更增設英文科目，有助銜接中學課程。故在附近作業的漁民也樂意把自己的孩子送到這裏上學。[22]

據吳倫霓霞的研究，19 世紀期間，新界地區約三分之二男子曾入讀學塾，[23] 可見入讀學塾不但是客家族群接受教育的主要途徑，而且能夠接受教育的客家人，也為數甚廣。傳統學塾又稱為「卜卜齋」，其教學方法為個別指導，沒有統一的學制，不同年齡的學

生均在同一課室上課，教師則個別指導或分組教授。此外，教授過程會按個別學生的資質和表現，調整教學進度，因此沒有亦毋須制定固定的時間表，[24] 是沿襲着孔子因材施教的教學原則。教學課程方面，一般先讀四本流行的啟蒙教材：《三字經》、《百家姓》、《千字文》和《訓蒙幼學詩》，教師會要求學生背誦和抄寫這些教材。大概數月至年多時間，學生便能熟讀這本教材，並認識了約 1500 個字的字形和字音，也明白到其中一部分的意義和用法，也漸漸習慣古代漢語（文言文）的基本句式，也初步懂得寫字，這就完成「第一階段」的啟蒙學習。至於第二階段的學習，教師會教授中國儒家典籍的《四書》、《五經》（朱熹注釋），把《四書》、《五經》一字不漏地背熟後（其中一例，一位聰明好學的學童開學六七年，便把《四書》、《五經》全部背熟），便開始學做對聯，繼而學做八股文，科舉考試就是考核儒生做八股文的能力，而題目則是《四書》、《五經》中的一句話，這就是歷來儒生須熟讀《四書》、《五經》的原因。

由此可見，傳統的學塾，基本上並沒有數學、科學、地理、常識等應用性科目，也不會有音樂、體育、美術等全人發展的科目，甚至不學中國歷史，因此學塾培訓出來的學生，除了「聖賢書」上的學問之外，一般生活上應用的知識，以及體藝方面發展，都是相當貧乏的。[25]

客家人素來重視教育，鹽田梓村的澄波學校成為了在附近捕魚或生活的漁民子弟的學校。可是到了

自光緒三十一年（1905年9月2日），中國的傳統科舉正式廢除，另一方面，英國政府自 1898 年 7 月 1 日始租借新界，意味着中國傳統讀書人透過科舉考試躋身社會上層的途徑，徹底斷絕了，加上英國全面接管香港，原來新界客家族群中的讀書人，唯有跟隨西式教學的途徑，考上當時的西式中學，甚或繼續升學，考上香港大學或出國留學，才能滿足他們「考取功名」的心態。而要考上當時的中學／大學，學習英語是不二法門。自六十年初以來，鹽田梓正正扮演着這個重要的角色——為學童提供英文教育；陳副主教在訪問中更補充說，由於當時整個西貢均沒有英文教育，鄰近的島嶼或村落，亦會慕名而來鹽田梓學習英文，以便學童升讀中學；而為當時的學童開啟這扇升學之門的，就是這個「西方教育」。

1997 年，全村的村民遷出鹽田梓。根據珍姐憶述，當時村民遷出鹽田梓，並非是政治原因，而是當年澄波學校停辦，村民子弟沒有學校就讀，唯有離開鹽田梓，到島外生活。

縱然澄波學校在 1997 年關閉以後，村民陸續遷出鹽田梓村，教堂也隨之荒廢；但是，村民們並沒有忘

鹽田梓村先後共有兩位司鐸和五位修女，包括陳丹書神父（Rev. Chan, Tang Shue Joachim, 1890-1975）和現任香港教區副主教陳志明神父。

❖ 陳志明副主教講解天主教的傳教史。

卻他們的信仰。2004 年，在陳志明副主教的努力下，聖若瑟教堂復修，後更於 2006 年獲聯合國教科文組織頒發亞太區文物古蹟保護獎之優異項目獎。這一切說明了這由單姓客家人組成「天主教村」的獨特性，同時也說明了當年傳教士的努力並沒有白費。夏其龍神父指出：「（鹽田仔）雖然也是從事手工業──製鹽，但卻也兼有農業，而與碗窰最大不同的地方是整個村在一個島上，而且全村單姓陳，單純而封閉，所以由

❖ 澄波學校曾使用的中文、英文、數學課本。

❖ 昔日的澄波學校現已改為鹽田梓文物陳列室。

從地理上看，位處西貢島嶼的鹽田梓在當時也有地理優勢。根據1940年2月出版的《香港地理》：「港（域多利港，即維多利亞港）水以東部至中部為最深，深自六尋至十尋，西部港口航道，自三尋至六尋，昂船洲島與油蔴地間為三尋。因此航洋汽船皆規定由鯉魚出入，琉磺峽與急水門，則通行較小汽船與帆船。（……）香港常有颱風之逼近或經過，故港中特置有各種設備，以謀船舶之安全。當颱風將來襲時，天文台即懸風符作警告。大汽船可在域多利港內之九龍灣與昂船島後水面拋錨，而大航洋汽船並可在鯉魚門外之將軍澳拋錨」（蘇子夏編：《香港地理》（香港：香港商務印書館，1940年），頁15-17。）。這說明了傳教士來華的遠洋輪船，因著香港港口的地理所限，必須從東面進出。於是，包括鹽田梓在內的西貢諸島遂成為了傳教士的必經之路。基於這地理條件，鹽田梓與西貢諸島很有可能以「中途站」的形式出現在天主教赴華傳教路線上。

於宗教的密切關係，結果可以形成一個教友村。島上沒有祠堂、廟宇、土地神位，它的居民至今仍在教會中活躍參與。除了神職人員，這個村還有很多從事傳道及教會教育的村民，可說是很成功的傳教例子。」[26] 單一的宗族、封閉的地理特性，造就了這個「單純而封閉」環境；而經歷了時日的磨洗與親朋的砥礪，鹽田梓也成為了天主教「很成功的傳教例子」。

在訪問中，陳志明副主教亦認為鹽田梓能為傳教士提供了一個相對安全的地方，讓他們安心學習中國語言和文化，以便他們日後赴華傳教。故此，鹽田梓作為「中途站」一說，是有可能成立的。

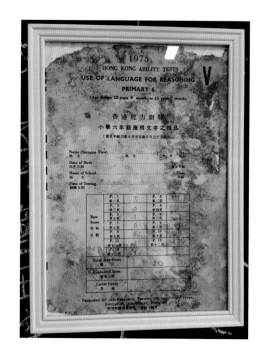

❖ 1975年在澄波學校的「香港能力測驗」試卷封面。

註釋

1　篇名取材自《圍名歌‧徐本》:「上洋行過下洋來,偶遇釣魚翁上台」。鹽田梓聖約
瑟小堂的主保瞻禮獲選香港特區政府選為「社會實踐、儀式、節慶活動」類的「非
物質文化遺產」,編號為 3.22。

2　夏其龍著,蔡廸雲譯:《香港天主教傳教史(1841-1894)》(香港:三聯書店,
2014 年),頁 77。

3　夏其龍:《香港傳教歷史之族──碗窰、汀角、鹽田仔》(香港:天主教香港教區福
傳年專責小組,2005 年),頁 20。

4　有關客家族群的傳統信仰,詳見汪毅夫的《客家民間信仰》(福州:福建教育出版
社,1995 年);孔永松,李小平的《客家宗族社會》(福州:福建教育出版社,
1995 年);張衛東的《客家文化》(北京:新華出版社,1993 年)等文獻資料。

5　夏其龍:《香港傳教歷史之族──碗窰、汀角、鹽田仔》,頁 23。

6　夏其龍:《天主作客鹽田仔:香港西貢鹽田仔百年史蹟》(香港:香港中文大學香港
天主教研究中心,2010 年),頁 31。

7　詳見本章第 1 章:〈傳統歷幾秋──客家族群和香港〉。

8　詳見本章第 1 章:〈傳統歷幾秋──客家族群和香港〉。

9　夏其龍:《天主作客鹽田仔:香港西貢鹽田仔百年史蹟》,頁 29。

10　《鹽田仔口述歷史計劃:活在鹽田仔》(香港中文大學天主教研究中心),頁 9。

11　《鹽田仔口述歷史計劃:活在鹽田仔》,頁 27。

12　夏其龍:《香港傳教歷史之族──碗窰、汀角、鹽田仔》,頁 24。

13　夏其龍：〈香港客家村落中的天主教〉，載於劉義章主編：《香港客家》（桂林：廣西師範大學出版社，2007 年），頁 178。

14　阮柔：〈戰前香港教育發展概述〉，載於陸鴻基：《中國近世的教育發展（1800-1949）》（香港：華風書局，1983 年），頁 227-228。

15　夏其龍：〈香港客家村落中的天主教〉，載於劉義章主編：《香港客家》，頁 174。

16　陸鴻基：《從榕樹下到電腦前：香港教育的故事》（香港：進一步多媒體有限公司，2003 年），頁 9-26。

17　科大衛等編：《香港碑銘彙編》（香港：香港市政局出版，1986 年），頁 45-46。

18　阮柔：〈戰前香港教育發展概述〉，載於陸鴻基：《中國近世的教育發展（1800-1949）》，頁 233。

19　「鹽田梓村的口述歷史」。http://www.yimtintsai.com/index.php/culture/culture-history

20　阮柔：〈戰前香港教育發展概述〉，載於陸鴻基：《中國近世的教育發展（1800-1949）》，頁 233。

21　西貢鹽田梓村：〈鹽田梓村的歷史〉。http://www.yimtintsai.com/index.php/village/village-history。

22　「鹽田梓村的口述歷史」。http://www.yimtintsai.com/index.php/culture/culture-history

23　Ng Lun, Ngai Ha, "Village Education in the New Territories Region under the Ching", in David Faure et al（ed.）, *From Village to City: Studies in the Traditional Roots of Hong Kong Society*（Hong Kong: Centre of Asian Studies, University of Hong Kong, 1984）, pp. 116-117.

24　方駿、熊賢君：《香港教育通史》，頁 35。

25　王齊樂：《香港中文教育發展史》（香港：三聯書店，1996 年），頁 15、35-36。

26　夏其龍：〈香港客家村落中的天主教〉，載於劉義章主編：《香港客家》，頁 187。

第 **4** 章

討海亦皆能
——鹽田 [1]

座落於香港東面入口的佛堂門天后古廟旁，豎立了一塊石碑。這塊石碑是 740 多年前，由南宋官富鹽場鹽官嚴益彰樹立，記錄了他在咸淳甲戌 6 月 15 日（公元 1274 年 7 月 20 日）到訪佛堂門的事蹟。官富鹽場位於今日香港九龍灣一帶，是廣東「十大鹽場」之一。[2] 碑文記錄了嚴益彰的事蹟，印證了文獻上香港鹽業曾經的繁榮。

北宋時期，趙宋朝廷在廣南東路（今廣東省）廣設官方鹽場，其中有三個屬於今日香港境內，分別是：黃田鹽場、官富鹽場及海南鹽柵。黃田鹽場在今深圳西南部海岸，橫跨今日深圳機場及香港屯門一帶；官富鹽場在今日尖沙咀、九龍灣至將軍澳一帶；海南鹽柵則規模較小，故曰「鹽柵」，位於大奚山，即今日大嶼山一帶。

北宋開寶四年，趙宋朝廷平定南漢後，復置「嶺南道」，後改為「廣南道」。宋太宗至道三年，朝廷又把「廣南路」分為東、西兩路。後來的「廣東」就是「廣南東路」的簡稱。

「鹽業」是香港古代三大產業之一，與「種香」、「採珠」鼎足而立；而「鹽業」關涉民生，也是生活上不可或缺的。不過，時至今日，「鹽業」已成歷史的陳跡，在香港已不復見。可喜的是，近年鹽田梓村復作鹽田，利用古代方法

❖ 碑文：佛門堂南宋咸淳 10 年題記：古汴嚴益彰官是場，同三山何天覺來遊兩山。考南堂石塔，建於大中祥符 5 年。次，三山鄭廣清堞石刊木，一新兩堂。續，永嘉滕了覺繼之。北堂古碑，乃泉人辛道樸鼎創於戊申，莫考年號。今三山念法明、土人林道義繼之。道義又能宏其規，求再立石以紀。咸淳甲戌 6 月 15 日（1274 年 7 月 20 日）書。

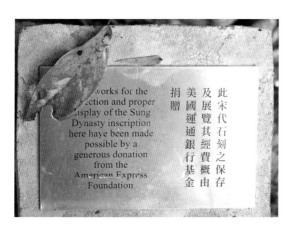

❖ 此宋代石刻之保存及展覽其經費概由美國運通銀行基金捐贈。

香港盛產香樹，通稱莞香。莞香即束莞縣所產之沉香。香港地區及束莞與寶安縣一帶，因為土質宜種香樹，在明代至清初年間，皆盛產香木，名叫「莞香」。這香料來自香樹的液汁凝結而成固體，像松香及琥珀那樣一團一團，有的像一片一片的枯木根。當時是香料的原料，用在薰衣、薰室之用。這些香樹以大嶼山的沙螺灣和沙田瀝源最佳。當時香港、九能一帶的居民，多以種香為生，他們先將莞香運往香步頭（即今尖沙咀），然後再用小艇運到現今石排灣，該地有一小村為香港村，再用一種叫「大眼雞」的艚船運往各地，所以運香木的海灣就被稱為「香港」。香港村即今位於壽臣山村下面的香港仔新圍。清順治 18 年（1662），頒布「遷界令」，強令自廣東沿海居民內遷 50 里。但很多鄉民不肯遷徙，清政府勒令將所有香樹斬伐，以斷絕鄉民生計。香業全部遭到破壞，以後就再沒有恢復過來。

採珠業的發展可追溯至五代南朝期間（905-971）。在今天大埔至大嶼山一帶均是重要採珠場所，特別是大埔海（古稱「大步海」），南漢曾派兵 2000 餘駐守。當時採珠方法相當落後，採珠人以竹籮縛身，中放大石，沉水而下，時有溺斃，或遭大魚吞食，加上珠珍生長年期緩慢，產量日少。直至明嘉靖 37 年（1552）罷採珍珠，香港採珠業從此不振。

及現代工具，把古代的鹽田復現於世。其成就更獲世界認可，榮獲 2015 年「聯合國教科文組織亞太區文化遺產保護獎——傑出獎」。

一、鹽業在廣東

「開門七件事」之中，鹽是不可或缺的一項，而且它更與廣東息息相關。

屈大均《廣東新語・天語》：「嶺南瀕海之郡，土薄地卑，陽燠之氣常泄，陰濕之氣常蒸。陽泄，故人氣往往上壅，腠理苦疏，汗常浹背，當夏時多飲涼洌，至秋冬必發痎瘧。」[3] 廣東位處五嶺以南，故屬「嶺南」地區，由於氣候既熱且濕，流汗多而不能蒸發。於是，當地人炎夏之時，多喝冰涼飲料解暑；故此，到了冬天往往因而引發瘧疾。這種在古嶺南一帶的風土病，廣東人自有一套土法應付，而這種方法的主要藥物就是鹽。

如遇患者有「腹痛不堪，是曰急沙」（《廣東新語・天語》）[4] 的症狀，廣東人除以「刮痧」應對外，也會用上鹽以應付。他們會「以炒鹽沃清水飲之」（《廣東新語・天語》），[5] 用炒過的鹽巴加入清水飲用，應付這種瘧疾症候。

在科技不昌明、交通不方便的過去，人們只能從周遭提取有用之物，應對大自然的挑戰。鹽，既是廣東人的調味料，也是救活他們的一種土藥。事實上，

開門七件事是古代平民百姓每天為生活而奔波的七件必需品，後成諺語。分別是：「柴、米、油、鹽、醬、醋、茶」。一般認為此説始於宋朝。米在宋朝是主要糧食，醬在宋朝才指醬油。在宋朝以前的醋，仍不是生活必需品。茶在唐朝以至北宋，乃是奢侈品，而且不常見。至於油，指由芝麻、紫蘇屬和大麻榨成的油，因南宋時期手工業和商業的發展而普及。

屈大均（1630—1696），初名邵龍，又名邵隆，號非池，字騷餘，又字翁山、介子，號菜圃，漢族，廣東番禺人。明末清初著名學者、詩人。曾與魏耕等進行反清活動。後避禍為僧，中年仍改儒服。後人輯有《翁山詩外》、《翁山文外》、《翁山易外》、《廣東新語》及《四朝成仁錄》，合稱「屈沱五書」。

刮痧是用邊緣光滑的嫩竹板、瓷器片、小湯匙、銅錢、硬幣、玻璃，或頭髮、苧麻等工具，蘸食油或清水在身體部位上由上而下、由內向外反復刮動，用以治療有關的疾病。

廣東在地理上，也十分適合曬鹽事業。

廣東地處中國大陸的最南部，臨南海之濱，擁有極長的海岸線，十分適合鹽田耕作。屈大均《廣東新語‧食語》指出鹽田的理想位置當為「沙坦背風之港」：土地是由沙粒組成的「沙田」；而且，又要「背風」，因為只要鹽田作業者，在港口築堤，待潮漲之時，順勢引海水灌溉沙田，不費多少工夫就能採得曬鹽的唯一原料——海水。

由於現實生活需要，也由於地理之便，廣東自古已設有鹽場。廣東鹽場，除了自給外，更遠輸境外，在清代順治「遷界」以前，廣東及其周遭省分多食用產於廣東之鹽。[6] 宋太祖開寶年間，廣東（時稱「廣南東路」）設有 10 個官營鹽場；到了宋神宗元豐年間（1078－1085 年），廣東鹽場增加至 13 個。到了明代洪武年間（1368－1398 年），廣東有 12 個鹽場。這裏有一點要注意，鹽場的歸屬、管治，時有變遷，故不能單單以場數來判斷鹽業的發展情況。有一點可以肯定的是，明洪武年間，新安縣（當時稱東莞縣，隸廣州府）境內有四大鹽場，其中「官富」、「黃田」更是在今天的香港境內。

由越城嶺、都龐嶺、萌渚嶺、騎田嶺、大庾嶺組成，又稱「五嶺」。是中國江南最大的橫向構造帶山脈，是長江和珠江二大流域的分水嶺。長期以來，是天然屏障，五嶺山脈阻礙了嶺南地區與中原的交通與經濟聯繫，使嶺南地區的經濟、文化遠不及中原地區，被北人稱為「蠻夷之地」。

據《宋史‧食貨志》記：「廣州東筦、靜康等十三場，歲鬻二萬四千餘石，以給本路及西路之昭桂州、江南之南安軍」。由是可見，廣東鹽業之重要性。

新安縣境內「四大鹽場」是指東莞、歸德、黃田、官富。東莞鹽場位置從漢而宋，一直無大變化，設在今南頭、西鄉一帶。歸德鹽柵在今寶安區沙井、福永鎮。黃田鹽柵設在今深圳機場及屯門一帶。官富鹽場設在今日尖沙咀、九龍灣至將軍澳一帶。

二、鹽業與香港

鹽業，本地古代三大產業之一；其與香港的命脈曾經緊扣一起。故此，治香港史，決不能忽略鹽業這

「香港」原只是香港島上七條村莊中的一條。據《粵大記‧廣東沿海圖》標示，香港島上有七條村落：香港、鐵坑、春磡、赤柱、大潭、稍箕灣、黃泥涌。「香港」，只是島上村落的名字。事實上，以前多以「官富」（因官富鹽場在今香港境內）、「紅香爐」（香港島上的水師營汛）稱呼今日香港。

一塊。

香港地處南海之濱，遠離中央朝廷，故史書一向缺乏「香港」的記載；而且，以「香港」一名稱呼香港島、九龍半島及新界全境的做法，其實要到香港開埠以後才出現。再者，香港先後曾隸於不同的縣政府管轄（即番禺縣、博羅縣、寶安縣、東莞縣及新安縣），故此，治香港史必須聯繫上彼等縣志。

漢代，香港估計已有官設的鹽場。西漢初年，漢武帝納桑弘羊之議，官營鹽、鐵，在全國各郡置「均輸鹽鐵官」。朝廷在南海郡設立鹽官管理鹽業，而寶安則是南海郡其中一個大型官方鹽場。作為寶安沿海區域的香港，頗有可能是當時官設鹽場的其中一部分。另外，據學者推斷，今日長沙灣的李鄭屋古墓所埋葬者，很可能是昔日漢代的鹽官。[7] 由此推論，香港在漢時已有官設鹽場之說該頗為可信。

三國時代，吳主孫皓設「司鹽校尉」，負責管理珠江口一帶鹽場，號為「東官場」。晉成帝咸和六年（公元 331 年）分割南海郡版圖，以東路鹽官之名新置「東官郡」，管理寶安、安懷、海安、興寧等 6 縣。因「東官」與「東莞」音同，故有學者推論這是「東莞」一名之由來。

自此至唐，此管理制度一直沿用。雖然缺乏文獻證明，但據推論，香港鹽場在這段時期仍一直持續發展，否則斷不可能有「官富鹽場」、「黃田鹽場」及「海南鹽柵」在宋代出現。

宋代香港的鹽業有更蓬勃的發展。北宋時期，趙

宋朝廷在「廣南東路」設置 14 個官辦鹽場。北宋王存《元豐九域志》:「東莞縣有靜(按:當為「靖」之誤)康、大寧、東莞三鹽場,海南、黃田、歸德三鹽柵」;[8] 其中,海南在今日香港境內、黃田則部分在今日屯門一帶。這些鹽場在宋代規模已十分宏大。據《宋史．食貨志》載:「廣州東莞、靖康等十三場,歲鬻二萬四千餘石,以給本路(按:廣南東路)及西路(按:廣南西路)之昭桂州,江南之安南軍」,每年課利甚鉅。[9] 到了南宋時代時期,寶安鹽場除原有的北宋「3 場 3 柵」外,更增設疊福、屯門及官富等鹽場。官富鹽場,位於今日維多利亞港東部,是極為重要的鹽場。前述佛堂門天后古廟旁的石碑,印證了文獻上香港鹽業曾經的繁榮。

元朝時期,「官富場」被改為「官富巡司」,於明朝時則被改為「官富巡檢司」,設有巡檢及司吏各一,並駐弓兵 50 名,以打擊販賣私鹽。明朝對東莞以及香港的鹽場有更具制度的管理。嘉慶《新安縣志．經政略．鹽課》載:「明洪武二年(1369 年),設廣東、海北二道提舉司。廣東鹽課提司領十二場,在縣境者,舊有四場,曰東莞、曰歸德、曰黃田、曰官富。迨元,改官富為巡司,其鹽課冊籍,附入黃田場。明嘉靖廿一年(1542 年),又裁革黃田場,附入東莞場。縣至東莞、歸德二場,隸於廣東鹽課提舉司」。[10] 據《明會典》指出:「廣東鹽課提舉司鹽場一十四處,歲辦鹽四萬六千八百五十五引,一百斤零。海北鹽場一十五處、歲辦鹽二萬七千四十引二百斤零。」,[11] 「引」是古代官方准許貿易的一張證明文件,按文獻推測,每一張「鹽引」,大概可抵二百斤鹽的價值。由此可見,包括香港在內的廣東鹽場規模之大。

隨着製鹽技術的發展,明朝時期的香港鹽業有了更進一步的發展。然而,好景不常,隨着清初順治遷界與康熙遷界的發生,香港的鹽業自此由盛轉衰,幾謂一蹶不振。「順治十八年(1661 年),因海氛未靖,將議遷民以避害。總鎮張沿海看界」、「康熙二年(1663 年)8 月,大人伊、石再看粵疆,續立界,邑地將盡邊焉。總督盧以邑地初遷已多,會疏,免續遷,止遷東、西二路共 20 田金鄉」。[12] 鹽業本來依海而建,「遷界」政令一出,無異破壞了鹽場的設置,包括香港在

內的廣東鹽業都一同遭到極大的打擊。

康熙八年（1669年），雖然頒佈復界，然而香港鹽業卻沒有隨同恢復。康熙《新安縣志·防省志·遷復》：「康熙七年（1668年）正月，巡撫王奏乞展界（⋯⋯）康熙八年（1669年）正月，展界，許民歸業，不願者聽（⋯⋯）康熙二十一年（1682年），台灣平。大奚山（按：今香港大嶼山）諸島盡復業居往耕種。遂撤海禁，令船隻捕取魚蝦如舊」。[13] 從康熙八年至二十一年，清政府漸次復界，然而，鹽業已無復昔日光景。

開埠以後，香港的鹽場產量更在不斷下降，由以往的可供應境外，變成主要照顧本地需要。《英國殖民地部年報第314號——1899年的香港》（Colonial Reports, Annual No.314, - Hong Kong, Report for 1899）記錄了當時香港的鹽場情

❖ 聯合國教科文組織駐華代表處文化項目官員古榕女士發表演講。（2015年度聯合國教科文組織亞太區文化遺產保護獎：鹽田梓鹽田復修項目「傑出獎」頒獎典禮現場。）

況：「新界有四處地方產鹽，是年產量 4,466 噸，價值 16,000 元，供應本地人口食鹽，漁船出海時醃藏魚獲和在香港曬鹹魚部分所需。不過仍要輸入更大數量的鹽以供應香港漁船隊的需要，主要是用以醃製鹹魚。這些入口的鹽，比本地所產更適宜作此用途。故此香港鹽業有發展之機會，應予以鼓勵。」[14] 從這分報告可以看到，1899 年的時候，新界仍有四處地產鹽；在當時人口尚不算多的香港，這些鹽能自給自足，供應本地人使用。可是，部分醃製鹹魚用的鹽，卻供不應求，需要由外地輸入。香港的鹽場的衰微，加上本地人口的增加，限制了本地鹽的出口；鹽業也不再是香港重要的產業。

根據〈鹽業在香港〉（Salt Manufacture in Hong Kong）所述，[15] 那時候香港主要有 3 處地方還有鹽田，其分別是：大澳、沙頭角及青山灣的新墟，[16] 而尤以大澳的規模最大。〈鹽業在香港〉一文指出大澳 1938 年產量大約是 1,488 噸，市價為 27,500 港元，小部分是當地自用，一般是供漁民醃製鹹魚之用。[17]

1970 年代，因為需要日減，而且外來鹽的價格相對更低，香港僅餘的大澳鹽場也停產海鹽，製鹽業自那時起一度絕跡於香港。直至 2013 年，鹽田梓開始復修鹽田，並於 2016 年 5 月 1 日，鹽田復修耕項目獲聯合國教科文組織頒發「亞太區文化遺產保護傑出獎」。鹽田梓的鹽場及曬鹽方法，很大程度就是古代流傳下來的製鹽技藝；亦是香港唯一可考的活鹽田。

三、僅存的鹽田

時至今日，本地的鹽大都輸入自內地，香港的鹽田只剩下鹽田梓村的一塊。

鹽田梓村，位於西貢的島嶼；從其名稱已能猜出它本來與鹽田的關係。隨着本地鹽業的息微，鹽田梓村的鹽田在十九世紀初也沒落了。可喜的是，2013 年始，鹽田梓村民開始復修鹽田，因此我們今日才能看到香港昔日鹽田的狀況。

鹽田梓村位處的小島上，有天然的紅樹林。中國人向來善用自然資源，這平

❖ 鹽田梓的鹽田。

❖ 今天復修後的鹽場，仍然保留原來的水閘。

❖ 圖為波美計。運用現代科技，配合古法製鹽。

❖ 蒸發池 1，2 和 3。

❖ 儲存鹽池上的鹽晶。

平無奇的紅樹林，在村民的手上，成為了海水進入鹽田的「蓄水池」前的第一道天然「過濾網」。它過濾了海水中較大的雜質，對製鹽用的海水起着初步淨化的作用。接着，村民利用潮汐漲退，於潮漲時，打開水閘，把海水引進「蓄水池」。

　　海水中的鹽含量一般為 3°Bé（波美度）；而讓海水結晶（crystallization）成鹽的度數大概是 28°Bé。因此，接下來的程序，就是使用「日曬法」使海水的水分子蒸發（evaporation），從而提升海水的鹽含量。若持續陽光普照，整個曬鹽過程大概為 2 至 3 星期。

　　蓄水池儲入足夠的海水後，海水便會經水管引進蒸發池進行蒸發。鹽田梓村的蒸發池共有四個。通過日曬，海水中的水分子會被蒸發，其中鹽含量也會愈來愈高。一般來說，蒸發池 1 的海水鹽含量大概為 3-5°Bé，蒸發池 2 大概為 5-10°Bé，蒸發池 3 大概為 10-12°Bé，蒸發池 4 大概為 15-18°Bé。海水由蒸發池 1 流到 4 的過程中，海水中的水分子漸次蒸發，慢慢變成滷水或鹽滷（brine）；這做法除了讓海水更有效地進行蒸發之後，同時也起着淨化的作用。因為在蒸發的同時，海水中的雜質亦會沉澱，因此海水經過四個蒸發池的同時，亦過濾了大量雜質。

　　海水由蒸發池 1 到 4 的過程中，海水水分子漸次蒸發；這做法除了讓海水更有效地進行蒸發之外，同時也起着淨化的作用。

　　當滷水的鹽含量接近 28°Bé 時，鹽工會將之泵進結晶池進行結晶

❖ 木製的方格，以限制滷水結晶的範圍。

❖ 高滷池。遇上下雨的日子，會暫時儲放滷水，以免被雨水稀釋。

（crystallization）。在結晶的過程中，為使鹽結晶得更加均勻，需要定時攪拌滷水；攪拌愈頻密，結晶出來的鹽就愈幼細，即成幼鹽；反之，結晶出來的鹽較粗糙，即成粗鹽。

最後，便進入收鹽和風乾的過程，鹽工一般用耙或水刮把分散於結晶池內的鹽集中成小堆；為免鹽過度分散於結晶池，鹽工會以木製的方格限制滷水結晶的範圍。待鹽風乾後，鹽工會用籮筐、膠筒等把鹽裝起，並安放於鹽池。

通過這些步驟，曬鹽過程算是初步完成。這時候的鹽的純度仍然不夠高，未能供食用，只能當醃製食物之用。要成為純度更高的食用鹽，就需要把這一批剛曬好的鹽再次溶入清水中，以濾紙作過濾（filtration），並重新曬鹽，這樣曬出來的第二批鹽，始能供人食用。

上述的製鹽流程，均須在陽光充沛的天氣下進行；但實際上，歷時兩至三星期的曬鹽過程，難免遇上下雨天，因此在蒸發池旁設置了兩個滷水池，暫時儲放滷水，以免滷水被雨水稀釋，低滷池主要儲放蒸發池 3 鹹度較低的滷水，而高滷池則儲放蒸發池 4 鹹度較高的滷水。待天氣合宜，便把滷水池的滷水泵回原來的蒸發池，再繼續曬鹽。

由此可見，製鹽是相當受天氣影響的，因此一般多會選擇在中秋過後，陽光充沛、大風乾燥的日子曬鹽，而潮濕多雨的春夏兩季，則進行一些鹽田保養工作，包括清洗蒸發池的沉澱物等。

❖ 鹽田梓生產的鹽。

四、鹽田古法製

前文不住地提及古法製鹽，其實古代有哪些製鹽方法呢？

因為古時除文字以外，沒有有效的記錄工具，所以現在我們只能從古代留下的文獻進行分析，了解古代的製鹽技藝。鹽是人類不可或缺的調味料，故自古已有製鹽的記錄，可是這些都是一些片言隻語、或只講述政策的記錄，關於製作技藝方面，一直缺乏完整而系統的說明。

所謂古法製鹽，一般離不開兩種：一為煎煮法，二為日曬法；其中又有或多或少的變化，但其原理仍不出這兩種。前者，在明代以前十分流行，所製之鹽稱為「熟鹽」，因製作成本較高，所以售價也較高；後者，在明代以後較為普遍，因其製作成本較低，故售價也低，其製成品也沒有經過烹煮，故稱為「生鹽」

（1）煮海為鹽——明以前的「煎煮法」

「煎煮法」，即「煮海為鹽」之法。北宋著名詞人柳永曾寫了一首〈煮海歌〉，內容提及「煎煮法」的施行情況：

> 年年春夏潮盈浦，潮退刮泥成島嶼。風乾日曝鹽味加，始灌潮波
> 溜成鹵。鹵濃鹽淡未得閒，採樵深山無窮山。豹蹤虎跡不敢避，朝陽
> 出去夕陽還。船載肩擎未遑歇，投入巨灶炎炎熱。晨燒暮灼堆積高，
> 才得波濤變成雪。[18]

詞中描述了煮海成鹽的過程：利用潮汐，引海入浸沙；藉風吹日曬之力，把鹽的濃度提升；在風吹日曬的時候，

偷空上山採樵砍柴；最後就是煎煮已曬得相對乾燥的鹽。然而，柳永畢竟是抒發他對煮海鹽戶「付出大量勞力，卻收穫甚少」之慨嘆，故此有關「煎煮法」

的描述並不仔細。

其實，在柳永的時代，也有一個人，詳細記述了「煎煮法」。他，就是北宋蘇頌。

蘇頌《圖經本草》

蘇頌，字子容，北宋福建道人，即今日的福建省。閩省與粵省一樣，其東部臨海，同樣是宋代重要的鹽產地。蘇頌與柳永一樣，同為閩省人，故對當時流行的製鹽法──「煎煮法」都有深刻的觀察。他的《圖經本草·玉中品卷第二》中「食鹽」一條[19]，是最早論述「煎煮法」的文獻：

> 東海、北海、南海鹽者，今滄、密、楚、秀、溫、台、明、泉、福、廣、瓊、化諸州官場煮海水作之，以給民食者，又謂之澤鹽，醫方所謂海鹽是也。其煮鹽之器，漢謂之牢盆，今或鼓鐵為之，或編竹為之，上下周以蜃灰[20]，廣丈深尺平底置於灶背，謂之鹽盤。《南越志》所謂織篾[21]為鼎，和以牡蠣[22]是也。然後於海濱地為坑，上布竹木，復以蓬茅，又積沙於其上。每潮汐沖沙，鹵鹹淋於坑中，水退則以火炬照之，鹵氣沖火皆滅，因取海鹵注盤中煎之，傾刻而就。管子曰：齊有渠展之鹽，伐菹薪煮海水征積之，十月始生，至於正月成三萬是也。菹薪，謂以茅菹然火也。梁、益鹽井者，今歸州及西川諸群皆有鹽井，汲其水以煎作鹽，如煮海之法，但以食彼方之民耳。

為便於理解，下面會以圖表方法分析蘇頌的說法：

蘇頌《圖經本草 · 玉中品卷第二》「食鹽」一條 [23]（成書於北宋嘉祐六年，即公元 1061 年）				
製滷	淋沙取滷	海濱設坑	然後於海濱地為坑，上布竹木，復以蓬茅，又積沙於其上	
		坑的佈局	（然後於海濱地為坑），上布竹木，復以蓬茅，又積沙於其上	
		潮汐鹵淋於坑中	每潮汐沖沙，鹵咸淋於坑中（按：潮漲時，海水淹過其坑，坑上設置的竹木、蓬茅、沙等起了淨化作用，過濾了海水中大量雜質。理論上，只有鹽和水能進入坑中，從而取得滷水。）	
	沖火驗滷		水退則以火炬照之，鹵氣沖火皆滅，因取海鹵注盤中煎之，傾刻而就（按：高鹹度的滷水，能使燈火熄滅。）	
煎滷	煎煮滷水的器具	鐵製鹽盤	漢謂之牢盆，今或鼓鐵為之	
		竹製鹽盤	周以蜃灰	或編竹為之，上下周以蜃灰，廣丈深尺平底置於灶背，謂之鹽盤
			和以牡蠣	《南越志》所謂織篾為鼎，和以牡蠣是也

從蘇頌的記述可見，「煎煮法」大致可分為兩個重要步驟：「製滷」和「煎滷」。

「製滷」是先於海濱沙地，挖掘深坑，上面覆以茅草，再覆上滲了海的沙子。然後，潮漲時，海水淹過其坑，坑上設置的竹木、蓬茅、沙等起了淨化作用，過濾了海水中大量雜質。理論上，只有鹽和水能進入坑中，從而取得滷水。「煎滷」就是以煎煮的方法，利用柴火把濃縮海水的水分蒸發，最後結成鹽晶。

明代宋應星《天工開物》

宋應星，字長庚，明代學者。他寫了一本講述當時技藝的書籍——《天工開物》。書中有一章謂〈作鹹〉，其中有一條「海水鹽」。宋應星所述之「煎煮法」與蘇頌所寫的大同小異，現把它繪成圖表以便理解：

宋應星《天工開物・作鹹》「海水鹽」條[24] （初刊於明崇禎十年，即公元 1637 年）			
製滷	海濱地的類別	高者	海濱地高者名潮墩
		下者	下者名草蕩
	取滷常用三法	高堰地	潮波不沒者，地可種鹽。種戶各有區畫經界，不相侵越。度詰朝無雨，則今日廣布稻、麥稿灰及蘆茅灰寸許於地上，壓使平勻。明晨露氣沖騰，則其下鹽茅勃發。日中晴霽，灰、鹽一併掃起淋煎。
		潮波淺被地	不用灰壓。俟潮一過，明日天晴，半日曬出鹽霜，疾趨掃起煎煉。
		逼海潮[入]深地	先掘深坑，橫架竹木，上鋪席葦，又鋪沙於葦席之上。候潮滅頂沖過，鹵氣由沙滲下坑中，撤去沙葦。以燈燭之，鹵氣沖燈即滅，取鹵水煎煉。
	特殊情況	不用煎煮的「大曬鹽」	又淮場地面有日曬自然生霜如馬牙者，謂之大曬鹽，不由煎煉，掃起即食。
		隨風飄來「蓬鹽」	海水順風漂來斷草，勾取煎煉，名蓬鹽。 凡蓬草鹽不可常期，或數年一至，或一月數至。
	沖燈驗滷	以燈燭之，鹵氣沖燈即滅	
煎滷	淋煎法	凡淋煎法，掘坑二個，一淺一深	淺坑	淺者尺許，以竹木架蘆席於上。將掃來鹽料（不論有灰無灰，淋法皆同），鋪於席上。四周隆起，作一堤墻形，中以海水灌淋，滲下淺坑中。
			深坑	深者深七、八尺，受淺坑所淋之汁，然後入鍋煎煉。
	煎煮滷水的器具	鐵盤	（凡煎鹽鍋古謂之「牢盆」，亦有兩種製度。）其盆周闊數丈，徑亦丈許。用鐵者以鐵打成葉片，鐵釘拴合，其底平如盂，其四周高尺二寸。其合縫處一經鹵汁結塞，永無隙漏。其下列灶燃薪，多者十二、三眼，少者七、八眼，共煎此盤。
		竹盤／鹽盆	南海有編竹為者，將竹編成闊丈深尺，糊以蜃灰，附於釜背。火燃釜底，滾沸延及成鹽，亦名鹽盆，然不若鐵葉鑲成之便也。
	加速滷水結晶成鹽	加入皂角碎和粟米糠	凡煎鹵未即凝結，將皂角椎碎和粟米糠二味，鹵沸之時投入其中攪和，鹽即頃刻結成。蓋皂角結鹽，猶石膏之結[豆]腐也。

較為有趣的，是書中輔有插畫，形象化地說明製鹽技藝。下面是他的插圖：

　　一法，潮波淺被地，不用灰壓。俟潮一過，明日天晴，半日曬出鹽霜，疾趨掃起煎煉。一法，逼海潮〔入〕深地，先掘深坑，橫架竹木，上鋪席葦，又鋪沙於葦席之上。候潮滅頂沖過，鹵氣由沙滲下坑中，撤去沙葦。以燈燭之，鹵氣沖燈即滅，取鹵水煎煉。總之功在

❖ 佈灰種鹽

晴霽，若淫雨連旬，則謂之鹽荒。又淮場地面有日曬自然生霜如馬牙者，謂之大曬鹽，不由煎煉，掃起即食。海水順風漂來斷草，勾取煎煉，名蓬鹽。

凡淋煎法，掘坑二個，一淺一深。淺者尺許，以竹木架蘆席於上。將掃來鹽料（不論有灰無灰，淋法皆同），鋪於席上。四周隆起，作一堤　形，中以海水灌淋，滲下淺坑中。深者深七、八尺，受淺坑所淋之汁，然後入鍋煎煉。

❖ 淋水先入淺坑

　　凡煎鹽鍋古謂之「牢盆」，亦有兩種製度。其盆周闊數丈，徑亦丈許。用鐵者以鐵打成葉片，鐵釘拴合，其底平如盂，其四周高尺二寸。其合縫處一經鹵汁結塞，永無隙漏。其下列灶燃薪，多者十二、三眼，少者七、八眼，共煎此盤。南海有編竹為者，將竹編成闊丈深尺，糊以蜃灰，附於釜背。火燃釜底，滾沸延及成鹽，亦名鹽盆，然不若鐵葉鑲成之便也。凡煎鹵未即凝結，將皂角椎碎和粟米糠二味，鹵沸之時投入其中攪和，鹽即頃刻結成。蓋皂角結鹽，猶石膏之結〔豆〕腐也。

❖ 牢盆海鹽煎煉

凡鹽淮、揚場者，質重而黑，其他質輕而白。以量較之，淮場者一升重十兩，則廣、浙、長蘆者，只重六、七兩。凡蓬草鹽不可常期，或數年一至，或一月數至。凡鹽見水即化，見風即鹵，見火愈堅。凡收藏不必用倉，鹽性畏風不畏濕，地下疊稿三寸，任從卑濕無傷。周遭以土磚泥隙，上蓋茅草尺許，百年如故也。[25]

（2）淋沙日曬──成熟於明代的「日曬法」

「煎煮法」的製鹽技術是明代以前最為流行的製鹽技藝，然而，它的缺點是極其消耗燃料和人力，故製作成本相當昂貴。故此，從明代時期，鹽戶普遍使用「日曬法」。

「日曬法」是從「煎煮法」蛻變而成，在明以前其實已有此法。其雛型最早見於元代福建地區，[26] 但是開始流行卻當是明代之世。「日曬法」解決了製鹽成本高昂的問題。《天工開物》記有「掃起即食」的「大曬鹽」，[27] 大概就是「日曬法」的簡化版本。

「日曬法」的原理是通過太陽熱力和風，把滷水的水分蒸發，使鹽結晶出來。屈大均的《廣東新語·食語》「鹽」條[28]，曾對「日曬法」有相當詳細的論述：

屈大均《廣東新語‧食語》「鹽」條[29] (成書於清順治元年，即 1664 年)			
製滷	混鹽於沙田	日以鱟魚之殼唇水者三。而沙田始不涸也。澆溉三日。沙與鹽相雜。	
	漏的設置	乃耙鬆（沙田）而乾之置（其沙）於漏也。漏在溝之旁。長七八尺。兩旁有牆。崇二尺。中廣二尺。橫以木。覆以草之葫蓀也。漏旁復有溝。	
	淋沙取滷	置鹽沙於葫蓀上。以溝中水再淋之。沙沉於底。鹽滷乃流也。滷既流至三四丈。為一槽載之。（文按：葫蓀為草的一種。溝水［即海水］的雜質會在淋沙的過程中，得以過濾，成滷水，並從漏中流出。）	
	驗滷三法	沖火驗滷	以火照滷。滷氣衝火火滅。則良滷也。
		鷄子驗滷	投以鷄子或飯。或截小魚為兩以試之。咸皆浮矣。
		石蓮子驗滷	或杓滷而置蓮子數枚。三浮五沉者淡。七八浮者則淳也。
曬鹽（生鹽）	鹽田佈局	堤與竇	於沙坦背風之港。夾築一堤。堤中為竇。使潮水可以出入也。天雨水淡。晴水鹹。潮消則放淡水使出。潮長則放鹹水使入也。（……）堤與竇。眾之所同。
		鹽田	凡鹽田五畝。以其半分為四區。布之以細沙。
		溝水	周之以溝水。是曰沙田。
		池	曬鹽則以池。池底以石。廣丈。深三寸。天晴瀉滷於池。不及半寸。（……）槽與池。己所獨也。
		五畝之設置	計五畝之中。有溝。有漏。有槽。有池。其空處則曰沙田也。
		由鹹水結成鹽	鹹水之來。從港以入堤。從堤以入竇。從竇以入溝。從溝以入漏。從漏以入槽。從槽以入池。而後乃成鹽也。

曬鹽（生鹽）	鹽田保養	修基圍	春則先修基圍。以防潮水。
		修漏池	次修漏池。以待淋滷。
		作草寮	次作草寮。以覆竈。
		採薪	次採薪蒸。踰月而後返。
		共同保修	次朋合五六家。同為箐盤。一家煎乃及一家。

　　相對於《天工開物》所載，《廣東新語》較為系統化。從上表可見，「日曬法」的第一步仍然是製滷，而技術同樣是「淋沙取滷」，但「淋沙」的過程不再於海濱，而於鹽田的漏上，這無疑是明代「淋沙」技術的改進，大大節省了鹽工來回海濱與鹽場的時間。「日曬法」的第二步，則把滷水置於（結晶）池，以日曬的技術使滷水結晶（crystallization），產出海鹽，這過程與「煎煮法」相比，顯然節省了大量的燃料和人力，生產成本亦隨之下降。古代鹽戶生活相當貧苦，在「專賣」的制度下，鹽戶需要負擔高昂的鹽稅，而鹽又不能賣得太貴，故製鹽的成本成為了他們最關心的部分。因此，自明代「日曬法」技術的成熟，它迅速受到中國各地區的鹽場採用，從明末徐光啟建議在江淮、兩浙之地的海鹽生產「廢煎改曬」，[30] 可見「日曬法」頗受時人認同。

　　明代以後，曬鹽的技術變化不大。現以前文引述〈鹽業在香港〉，說明 1938 年香港（大澳）的曬鹽情況。總的來說，其技術是沿襲了明代「日曬法」，與《廣東新語》所記，大同小異。

〈鹽業在香港〉（Salt Manufacture in Hong Kong）一文中的「沙漏法」（The Leaching Method）[31]			
		中文語譯	英文原文
鹽場佈置	鹽田佈局	鹽田與海水相連，中間以堤壩分隔 33塊鹽田，建於海灣旁邊的低窪地區。它們均被堤壩包圍，以防因潮漲或暴雨而引起的氾濫。	There are thirty-three salines, built side by side on the low-lying flat land adjoining to the bay, which are enclosed by high dykesto prevent flooding at high tide or by storms.
		每塊鹽田約三分一至二分一英畝土地。其四周圍以水渠和小水庫；潮漲時；此為連接海灣之用。它借潮漲之力，使海水經水庫進入水渠，再進入鹽田。	Each unit saline occupies 1/3 to 1/2 acre, around each are constructed shallow canals, or small reservoir ponds, communicating with the sea of the bay at high tide.
	土坑的結構	土坑是長方形的，約長 50 至 80 呎，闊 5 至 8 呎，高 4 至 5 呎。	The leaching vatis an elongated hollow erection of earth about 50 to 80 feet long, 5 to 8 feet wide and 4 to 5 feet high.
		土坑之下又有一條窄水渠。	A narrow longitudinal canalis dug in the bottom of the vat
		土坑之上舖上木條及乾草，用以過濾泥土、雜物。	Over this（the vat）coarse twigsand dry grass are laid to serve as a sieve to prevent collapse of the prepared soil during leaching.
	結晶池的佈局	滷缸之前，置有六至十個結晶池。	Immediately in front of these storage tanks are the drying or crystallization ponds, six to ten in number.
		結晶池是連接着的，並且以矮土牆分隔它。	They are constructed in a row and separated by low ridges of mud
		結晶池的底部舖上一層小石卵。	The bottom of the pondis set with a layer of small roundish pebbles over

〈鹽業在香港〉（Salt Manufacture in Hong Kong） 一文中的「沙漏法」（The Leaching Method）			
取滷	從沙田取煉出鹹泥沙，置於土坑	用人力耙鬆沙田，而其深度大約是 1.5 至 2 吋。	（In the preparation of the salt） the surface soil of the concentrating fields, to the depth of about 1 1/2-2 inches, is loosened by a man-driven harrow.
		從水渠中取水，然後把海水灑在沙田。每天一至兩次。	Then sprinkled with sea-water from the canals, once or twice a day.
		經過多次「灑水沙田」，沙田積累了充夠的鹽分。接着，把充滿鹽分的沙泥，移至土坑。	When enough saltis believed to have accumulated in the loosened soil after repeated sprinkling and evaporation of the sea-water, the soil is collected into piles and carried to the vatby coolies
	淋沙取滷，並把滷儲於滷缸	用沉重的木錘，把那些鹽土擂實。	（When all the prepared salty soil has been heaped up in the hollow space of the vat） it is pounded with a very heavy wooden hammer into a mass of soil as compact as possible.
		從水庫中取出海水，並以一整晚的時間，把水淋到鹽土之上，用以取滷。	（Having completed the task of compacting the prepared soil in the vat,） sea-water is conveyed from the reservoir-pond behind to cover and to leach it slowly overnight in order to the salt.
		那些滷汁會被逼至水渠，然後流至兩個滷缸之中。	The filtered brineis collected into the bottom shallow canaland is drawn off into the two brine-storage tanks.

〈鹽業在香港〉（Salt Manufacture in Hong Kong） 一文中的「沙漏法」（The Leaching Method）			
	滷缸與結晶池	這裏有兩個水渠，一個高，一個低。其低者須比結晶池高。而水渠是沿着結晶池的邊界而建。	Two canals, one lower and the other higher than the bottom level of the drying ponds, are constructed along the edges of the ponds.
		高水渠的作用是把滷汁從滷缸流送至結晶池，以便天氣好時，隨時曬鹽。 整個蒸發過程，約需時8至10小時。	The higher canalserves to lead the brinebailed from the storage tanksinto the drying ponds.
			Brinecan be conveyed from the storage tanks to the drying pondsto evaporate to dryness at any time when the weather is fine and the sun is strong. （……） The evaporation process takes about 8 to 10 hours
		低水渠的作用是把滷汁引回滷缸。 當滷汁的濃度不足以結晶，或者天氣不好，滷汁就能通過此途徑運回滷缸。	The loweris to lead the brineback to the tanks.
			When the brineis not strong enough to ensure crystallization of salt within a day, or if rain falls before crystallizationtakes place, the brinecan be run back to the storage tanks.
		當結成鹽晶後，就用木刮子收集鹽晶。這個木刮子一頭是尖銳的，以便收集碎粒。	When the brinein the pondsis completely dry, a coating of salt is deposited on the bottom which is scraped into piles by means of wooden scraper, one side of which is sharpened to facilitate thorough scraping
後續程序		完成上面程序後，那些已取出鹽分的沙土，會被回收，並撒回沙田。	The leaching soil in the vat, after the sea-water has percolated through and washed out the salt, is then carried back into the field; any clods are pulverized and the fine soil is spread out to be re-impregnated with salt.

註釋

1　篇名取材自《圍名歌・徐本》:「樂業人居大洞邊,耕田討海亦皆能」。鹽曬製技藝獲香港特區政府選為「傳統手工藝」類「非物質文化遺產」,編號為 5.97。

2　《寶安縣志・大事記》:「漢元狩四年(公元前 119 年),全國實行鹽鐵專賣,南頭設鹽官(⋯⋯)宋開寶四年(971 年)設官富鹽場,為廣東十大鹽場之一。」詳見寶安縣地方志編纂委員會編:《寶安縣志》(廣州:廣東人民出版社,1997 年),頁13。

3　(清)屈大均撰:《廣東新語》(北京:中華書局,1997 年),頁 14。

4　同註 3。

5　同註 3。

6　「史載廣南東路的鹽場產鹽除自用外,還要為封(封州即封川)、康(康州即德慶)、英(英州即涵光)、韶(韶州即曲江)、端(端州即肇慶)、連(連州即連山)、南雄(南雄州)、昭(昭州即平昭)、桂(桂陽)、賀(賀州)、恩(南恩州即陽江)、新(新州即新興)、惠(惠州、博羅)、潮(潮州、揭陽)、循(循州即龍川、長樂)等州及南安軍這樣廣大的地區供應食鹽;可見鹽產量之大。」詳見廖紅雷:〈寶安古鹽場滄桑〉,載《廣東史志》2015 年第 2 期,頁 24-29。

7　香港考學會:《香港考古概況》。詳見香港考古學會網站:http://www.hkarch.org/main/index.php/tw/academic-and-education-zh/education-zh/115-hk-archaeology-brief-zh

8　(北宋)王存:《元豐九域志》(《四庫全書》文淵閣本),卷 9,頁 17 下。

9　（元）托克托：《宋史》（《四庫全書》文淵閣本），卷 183，頁 7 下。

10　嘉慶《新安縣志・經政略・鹽課》。見劉志鵬等：《新安縣志——香港史料選》（香港：和平圖書，2007 年），頁 89。

11　（明）李東陽等纂：《明會典》（《四庫全書》文淵閣本），卷 35，頁 11 上、下。

12　嘉慶《新安縣志・防省志・遷復》及康熙《新安縣志・防省志・遷復》。見劉志鵬等：《新安縣志——香港史料選》，頁 48-49。

13　康熙《新安縣志・防省志・遷復》。見劉志鵬等：《新安縣志——香港史料選》，頁 50-51。

14　饒玖才：〈鹽業史跡〉，載饒玖才：《香港舊風物》（香港：天地圖書有限公司，2001 年），頁 10-17。

15　Lin, S.Y., "Salt Manufacture in Hong Kong", *The Hong Kong Naturalist*, Vol.10 No. 1（Jan.,1940），pp. 34-39.

16　原文：Tai O, a fishing village on Lantau island, Shataukok on the frontier on Starling Inlet and San Hui in Castle Peak Bay. Of these the first is the most important. 詳見 Lin, S.Y., "Salt Manufacture in Hong Kong", *The Hong Kong Naturalist*, Vol.10 No. 1（Jan.,1940），pp. 34-39.

17　原文：The annual production in 1938 amounted to about 25,000 piculs（1,488 tons）valued at about \$27,500. 詳見 Lin, S.Y., "Salt Manufacture in Hong Kong", *The Hong Kong Naturalist*, Vol.10 No. 1（Jan.,1940），pp. 34-39.

18　姚學賢、龍建國纂：《柳永詞詳注及集評》（鄭州：中州古籍出版社，1991 年），224-225。

19　（宋）蘇頌：《圖經本草》（福建：福建科學技術出版社，1988 年），頁 39。

20　蜃灰：蜃，指蛤蜊。蜃灰指蜃殼燒成的灰。

21　篾：劈成條的竹片，亦泛指劈成條的蘆葦、高粱稈皮等。

22　牡蠣：即蠔、生蠔，這裏指以生蠔殼燒成的灰。

23　蘇頌：《圖經本草》，頁 39。

24　宋應星，潘吉星譯注：《天工開物譯注》，頁 48-52。

25　同上註。

26　王仁湘，張征雁：《中國滋味：鹽與文明》（瀋陽：遼寧人民出版社，2007 年），頁 52；趙匡華：〈中國古代鹽、硝、礬的化學〉，載趙匡華，周嘉華著：《中國科學技術史‧化學卷》，頁 484。

27　「淮揚地面有日曬自然生霜如馬牙者，謂之大曬鹽，不由煎煉，掃起即食。」（宋應星，潘吉星譯注：《天工開物譯注》，頁 49。）

28　屈大均：《廣東新語》（北京：中華書局，1985 年），頁 381-383。

29　同上註。

30　趙匡華：〈中國古代鹽、硝、礬的化學〉，載趙匡華，周嘉華著：《中國科學技術史‧化學卷》，頁 484。

31　Lin, S.Y., "Salt Manufacture in Hong Kong", *The Hong Kong Naturalist*, Vol.10 No. 1（Jan.,1940），pp. 35-37.

第 **5** 章

兩姓一帶連
——舞麒麟 [1]

❖ 匍伏的麒麟。舞麒麟時，須由二人頂着這套服飾。

《禮記》，西漢戴聖對秦漢以前的禮儀著作加以記錄，編纂而成，共49篇，分屬於制度、通論、名堂陰陽、喪服、世子法、祭祀、樂記、吉事等，它闡述的思想，包括社會、政治、倫理、哲學、宗教等各個方面，其中《大學》《中庸》《禮運》等篇有較著名，是「十三經」之一。

中國民間信仰中，有所謂「四靈」之説。《禮記·禮運》曰：「麟、鳳、龜、龍，謂之四靈。」[2]「麟」是「四靈」之首，擁有崇高的地位。而且，牠格外受客家人的重視，在節日慶典之中，常常看到牠的身影。

　　麒麟與龍、鳳一樣，都是人們虛擬出來的瑞獸，被賦予美麗的想像。傳說的麒麟是十分溫馴和善的，不會傷害生靈，甚至連草木也不會折斷，[3] 堪稱「仁獸」[4]（《說文解字・麒》），故格外受到以耕讀為務的客家人所崇拜。因此，每當節日慶典的時候，客家人每每愛舞動麒麟，期望借助麒麟的神力，為他們帶來福氣。

❖ 故宮慈寧宮外的麒麟銅像

❖ 元朗大旗嶺村的麒麟

一、「麒」與「麟」初探

　　人們常常把「麒」與「麟」合着說，把這隻傳說中的瑞獸名之為「麒麟」。但是，原來「麒」與「麟」卻不盡相同的。

　　這情況就好像「鳳」與「凰」。

《古今韻會舉要》是元朝的一本韻書。它注重訓詁，徵引了不少典故。元世祖至元年間，黃公紹曾編過《古今韻會》（可惜後來失傳了）。後人熊忠因黃書注釋太繁，故在元成宗大德年間編成《古今韻會舉要》。

「鳳凰」，也是傳說中的一種瑞獸。根據《說文解字》，「鳳」是古代的「神鳥」，出自東方「君子之國」，牠「翱翔四海之外」，如果見到牠，則代表着「天下大安寧」。[5] 於是，我們常常愛以鳳凰作為吉祥物，祝福他人。然而，「鳳」與「凰」卻是同類而不同的傳說生物。根據元代《古今韻會舉要》的說法，「鳳」與「凰」雌雄有別：「雄曰鳳，雌曰凰。古詩：鳳兮鳳兮求其凰」。

這個誤點，其實跟「麒」與「麟」是差不多的。根據曹魏時期張揖所說：「牡曰麒，牝曰麟」。牡，即是雄性；牝，即是雌性；也即是說，「麒」與「麟」分別是該種瑞獸的「雄」與「雌」的稱呼。

二、麒麟形象多

桓公既成霸業，在葵丘大會諸侯，自己想要舉行祭祀天地的封禪大典。管仲指「我們現在的情況是鳳凰麒麟不來，象徵祥瑞的嘉穀不生，然而蓬蒿藜莠等雜草卻很繁茂，鴟梟之類的凶禽惡鳥卻不斷來臨，還想要舉行封禪的大典，豈不是不應該麼？」於是，桓公便把封禪的事情作罷。

羅願《爾雅翼》卷四引用「管仲戒桓公封禪」一事的一句說話：「今鳳凰、麒麟不至，嘉禾不生」，[6] 說明了麒麟從來都被視為吉祥物。當然，麒麟是傳說中的生物，牠斷不可能有一個真實的形態。然而，通過了歷代人們的創作，我們大概可以歸納出麒麟的某種外貌特質。

中國很早以前已有相關的記載。當然，這可能只是古人的想像，其中有關麒麟的描述，可以讓我們進一步了解這隻瑞獸的特徵。

（1）《詩經》的麒麟

早在周代，已經有麒麟的記載。《詩經·周南·麟之趾》描述了這隻瑞獸：

> 麟之趾，振振公子，于嗟麟兮。
> 麟之定，振振公姓，于嗟麟兮。
> 麟之角，振振公族，于嗟麟兮。[7]

〈麟之趾〉是《詩經》中的名篇，而《詩經》則是周代的作品，距離現今有二千多年。〈麟之趾〉分別描述了麒麟的三個身體部分：「趾」、「定」、「角」。「趾」，即是牠的蹄；「定」，是「頂」的假借字，指是牠的額頭；「角」，即是牠頂上的角。

《詩經》作者佚名，傳為尹吉甫採集、孔子編訂。最初只稱為「詩」或「詩三百」，到西漢時，被尊為儒家經典，才稱為《詩經》。《詩經》按《風》、《雅》、《頌》三類編輯。《風》是周代各地的歌謠；《雅》是周人的正聲雅樂，又分《小雅》和《大雅》；《頌》是周王庭和貴族宗廟祭祀的樂歌，又分為《周頌》、《魯頌》和《商頌》。《詩經》內容豐富，反映了生活與愛情、戰爭與徭役、風俗與婚姻、祭祖與宴會，甚至天象、地貌、動物、植物等方方面面，是周代社會生活的一面鏡子。

〈麟之趾〉是一首讚美貴族子弟的詩歌。朱熹《詩集傳》認為此詩是講述「文王后妃德修於身，而子孫

《詩經》是中國古代最早的一部詩歌總集。搜集了公元前 11 世紀至前 6 世紀的古代詩歌 305 首，反映了西周初期到春秋中葉約 500 年間的社會面貌。

「公子」、「公姓」、「公族」的意思，歷來有兩種説法：一、皆指貴族的子弟；二、「公子」是指諸侯之子，「公姓」與「公族」皆是指「公子」之孫。

宗族皆化於善，故詩人以『麟之趾』興公之子」（按：
「興」即「詩六義」之「興」，意思是「先言他物以引
起所詠之辭」，即先講述其他事物，以引起主要想描劃
的主體。）。

　　從〈麟之趾〉對麒麟身體各個部分的書寫，可以
推想當時人們對麒麟的想像：牠四肢帶蹄、頂上長有
角。雖然麒麟此時的形象仍然很模糊，但這些身體特
徵卻是日後麒麟必然具有的特徵，是後世麒麟形象的
基礎。南宋閩人嚴粲在《詩緝》中進一步發揮想像，
把麒麟的形象更具體地描寫為：

　　「有足者宜踶，唯麟之足，可以踶而不
踶，是其仁也」；
　　「有額者宜抵，唯麟之額，可以抵而不
抵，公室子孫，其傳彌遠而信厚不替也」；
　　「有角者宜觸，唯麟之角，可以觸而不
觸」[8]

《莊子》，相傳為莊周所撰。《漢書‧藝文志》著錄五十二篇，今本三十三篇，其中內篇七，外篇十五，雜篇十一。它又名《南華經》，是後世道家的經文。其書與《老子》《周易》合稱"三玄"。

《莊子》有「怒則分背相踶」之說；[9]即是說「踶」
就是指烈性的馬用後蹄踢擊。根據嚴粲的形容，麒麟
跟馬匹一樣，能以後蹄踢擊敵人；不過，他補充道，
麒麟天性仁慈，可以「踶」卻不會「踶」他人。同樣
地，嚴粲認為麒麟雖然有「額」、有「角」，卻不會去
「抵」、「觸」（攻擊）他人。

　　〈麟之趾〉中的麒麟，擁有一個正面的形象。嚴粲
在《詩經‧麟之趾》的基礎上，進一步把麒麟形象具

體地描畫出來，而麒麟更被描繪為溫馴和善，擁有武備而不會主動攻擊他人。此說受清代段玉裁所納，即所謂「（麒麟）含仁懷義」。

（2）其他文獻記載

或許，在〈麟之趾〉以前，先民已有麒麟的想像，而《詩經‧麟之趾》的作者不過是引用一個已有的傳說，但現在已無從稽考了。唯一可以肯定的是，〈麟之趾〉是麒麟最早的文獻記載。其實，除了《詩經》外，古代記述麒麟的文獻還有不少。

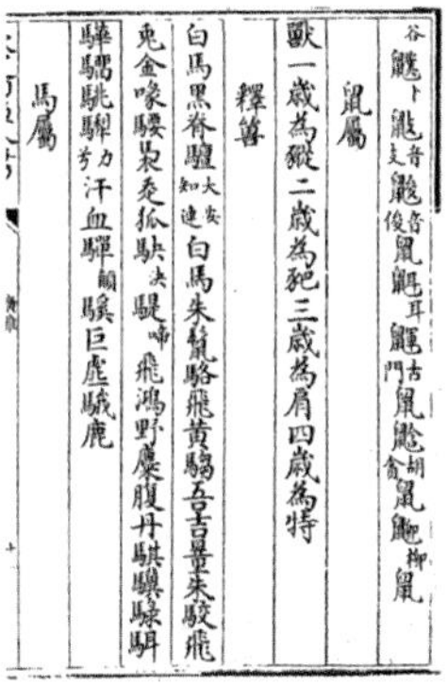

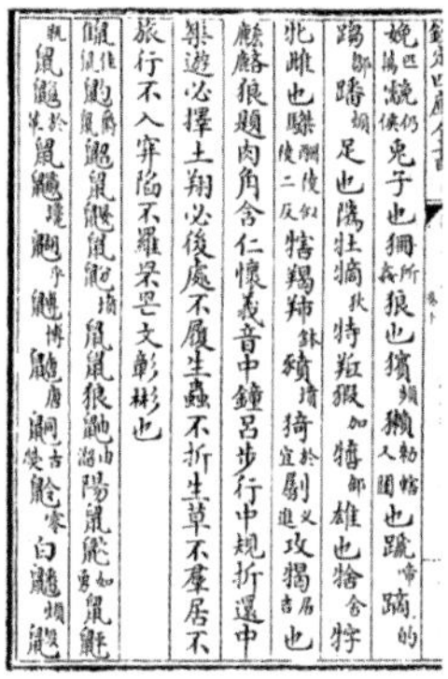

❖ 張揖《博雅》卷十有關麒麟的內容

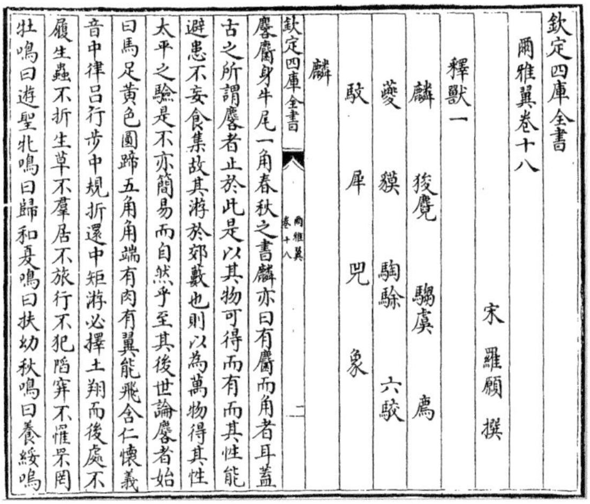

❖ 羅願《爾雅翼》卷十八有關麒麟的描述

書名	內容
《禮記‧禮運》	何謂四靈？麟鳳龜龍，謂之四靈。故龍以為畜，故魚鮪不淰；鳳以為畜，故鳥不獝；麟以為畜，故獸不狘；龜以為畜，故人情不失。[10]
許慎《說文解字‧麒》	仁獸也。麋身牛尾，一角。从鹿其聲。渠之切。[11]
許慎《說文解字‧麟》	大牝鹿也。从鹿粦聲。力珍切。[12]
陸機《毛詩草木鳥獸蟲魚疏》	麟，麕身、牛尾、馬足、黃色、圓蹄、壹角，角端有肉。音中鐘呂，行中規矩，遊必擇地，詳而後處，不履生蟲，不踐生草，不群居，不侶行，不入陷阱，不罹羅網，王者至仁則出。[13]
張揖《博雅》	狼題肉角，含仁懷義，音中鐘呂，步行中規，折還中矩，遊必擇土，翔必後處，不履生蟲，不折生草，不群居，不旅行，不入窞陷，不羅不網，文彰彬也。[14]
羅願《爾雅翼》	麟，麕麞身，牛尾，一角。春秋之書麟亦曰：「有麕而角者，耳蓋古之所謂麞者」。止於此，是以其物可得而有其性能，避患不妄食集，故其游於郊藪也，則以為萬物得其性平太之驗，是不亦簡易而自然乎至其後世論麞者始曰：馬足黃色，圓蹄五角角端有肉，有翼能飛，含仁懷義，音中律呂，行步周旋中規，折旋中矩，游必擇土，翔必後處，不履生蟲，不折生草，不群居不旅行，不犯陷阱，不罹罘網。牡鳴曰：游聖。牝鳴曰：歸和。夏鳴曰：扶幼。秋鳴曰：養綏嗚呼，何取於麞之備也，若是則閱千歲而不得麞蓋無怪矣。[15]
《康熙字典‧麒》	《唐韻》《集韻》《韻會》渠之切《正韻》渠宜切，音其。《說文》仁獸也。麕身牛尾，一角。張揖云：牡曰麒，牝曰麟。郭璞曰：麒似麟而無角。[16]
《康熙字典‧麟》	「《唐韻》《集韻》《韻會》《正韻》力珍切，音鄰。《說文》大霞也。麕身牛尾，狼額馬蹄，五彩腹下黃，高丈二。《玉篇》仁獸也。《詩‧周南》麟之趾。《傳》麟信而應禮，以足至者也。《箋》麟角末有肉，示有武不用。《大戴禮》毛蟲三百六十，麟‧之長。《禮‧禮運》麟以‧畜，故獸不狘。《註》狘，驚走也。 又州名。漢五原，河西二地，唐置麟州。 又《十洲記》鳳麟州有集弦膠。 又與燐通。光明也。《揚雄‧劇秦美新文》炳炳麟麟。 又叶陵延切，音連。《韓愈‧雜詩》指摘相告語，雖還今誰親。翩然下大荒，被髮騎麒麟。親叶音千。此詩終篇皆先韻。○按經傳皆作麟字。《爾雅》《公羊》《京房易傳》皆作麞。《說文》麞，牝麒也。麟，大牝鹿也。據此，則麞與麟有分。《爾雅註疏》‧州界有麞，大如鹿，非瑞麟也。故司馬相如賦曰：射麋腳麟，謂此麟也。《爾雅》麞大麃牛尾一角，註云：謂之麞者，此是也。然麟麞二字，今俱通用。互詳麞字註。 考證：〔《禮‧禮運》麟以‧畜，故獸不狘。《註》狘，驚走也。〕謹照原文兩狘字改狘。[17]

書名	內容
段玉裁《說文解字注‧麒》	（麒）麒麟、仁獸也。各本無麒麟二字。今依初學記補。公羊傳曰。麟者、仁獸也。何注。狀如麕。一角而戴肉。設武備而不為害。所以為仁也。麟者木精。毛詩傳曰。麟信而應禮。左傳服虔注。麟、中央土獸。土為信。信禮之子。修其母致其子。視明禮修而麟至。思睿信立而白虎擾。言從？成而神龜在沼。聽聰知正而名川出龍。貌恭性仁則鳳皇來儀。此左氏、毛氏說與公羊說不同。五經異義。許慎謹案。禮運云。麟鳳龜龍、謂之四靈。龍、東方也。虎、西方也。鳳、南方也。龜、北方也。麟、中央也。是異義謂麟為信獸。從左、毛說矣。而此云仁獸何也。異義早成。說文解字晚定。此云仁獸。用公羊說。以其角端戴肉。不履生蟲。不折生艸也。鄭駁異義曰。五事。言作從。從作乂。言於五事屬金。孔子作春秋。故應以金獸性仁之瑞。鄭說與奉德侯陳欽說略同。鄭云金獸性仁。許云仁獸。與鄭駁無異。但鄭君黨錮事解。箋毛詩信而應禮、乃依毛說。與駁異義相違。是知學固與年而徙矣。麇身、牛尾、一角。爾雅釋獸文。從鹿。其聲。渠之切。一部。𤛭部曰。杜林以䣆為麒。[18]
段玉裁《說文解字注‧麟》	（麟）大牝鹿也。牝各本及集韵、類篇皆譌牝。今正。玉篇曰。麟、大麚也。是也。子虛賦射麋腳麟、謂此。按許此篆為大麚。麚篆為麒麚。經典用仁獸字多作麟。葢同音叚借。從鹿。𦊆聲。力珍切。十二部。[19]

（3）總結麒與麟

　　麒麟是一隻傳說的瑞獸，本無其物，所以牠的形象其實就是人們長久以來的想像；牠不是一人一時一地的想像，相反，牠是千百年來人們的集體的想像。綜觀各部文獻，我們可以歸納出以下三點：

　　1.「麒」與「麟」有別，是同類卻性別不同。《說文解字》指麟是「大牝鹿也」，顯然麟是雌性的。而後來張揖在《博雅》也提及「牡曰麒，牝曰麟」。

　　2. 鹿身、牛尾、馬足——麒麟的外型與鹿相近，同時又擁有牛與馬的外型特徵。麒麟是眾人想像出來的生物，雖然各個版本描述稍有出入，但是總的來說，鹿身、牛尾、馬足是各本皆採的說法。《說文解字》謂麟是「大牝鹿也」，又指麒是「麇身牛尾，一角」。「麇」是鹿的一種（《說文解字》：「麇，鹿屬」）；總結「麒」與「麟」的解釋，麒麟當是擁有鹿的身體。後來，陸機《毛詩草木鳥獸蟲魚疏》

解釋曰:「麟,麕身、牛尾、馬足、黃色、圓蹄、壹角,角端有肉。」。麒麟,除擁有鹿的身體外,牠的頭上長有肉角,而且具有牛的尾巴和馬的足部。

3. 麒麟是仁獸。縱使各本所書的麒麟略有不同,但都認為牠具有仁厚的特徵:《説文解字》説牠是「仁獸」;張揖認為牠「含仁懷義」。麒麟的言行處事都合乎禮節:「音中鐘呂,行中規矩」,言行都合乎規矩;「遊必擇地,詳而後處」、「不群居,不 行」,遊憩之處都經過審慎考慮,不草率,而且潔身自愛,不好結黨;「不履生蟲,不踐生草」,不會隨便踐踏生靈,那怕是昆蟲草木,牠都不會傷害;「不入陷阱,不罹羅網」,能避開禍害,明哲保身。除此以外,麒麟是頭上長角的生物,能以此攻擊,可是牠卻沒有這樣做,有武備而不用。故此,古人把麒麟看作是至善至美的瑞獸,把牠視為君子的化身,期望士人學子能學習牠的仁厚善行。

三、麒麟客家舞

成蘇玉師傅,孟公屋村麒麟隊的師傅。他每年年初二都會帶領族人,舞着麒麟,翻山越嶺到沙田大水坑村向張氏拜年。成張麒麟拜年的活動,自康熙年間始,已維持三百年,是一件極不容易的事情

由於麒麟擁有君子的美德,所以格外受到發祥於中原的客家群體敬愛。他們常常在節慶的時候,舞動麒麟,祈求得到麒麟的祝福。

香港的客家族群仍然保留了這分傳統。西貢孟公屋村的成蘇玉師傅認為選擇舞麒麟而不是舞龍舞獅,是出於兩個重要的考慮:「一是實用性,因為麒麟比較

輕便，舞起來比較方便；二就是符合客家的耕讀文化」。

❖ 圖為孟公屋村的麒麟。舞麒麟步法有別於舞龍舞獅，比較靈巧輕盈。

（1） 舞麒麟之前——開光儀式

在舞動一隻新造的麒麟之前，必須進行開光儀式。元朗大旗嶺村的黃柏仁師傅認為替紙紮品開光，是傳統以來的做法。麒麟固然是瑞獸，但是實際也是紙紮品，本身是沒有生命的，也不具靈性；故此，必須通過開光儀式，替牠注入生命。黃師傅把這個開光儀式比喻為新生嬰兒沐浴：「我們要為嬰兒清潔身體，給他衣服、名字，否則嬰兒雖然已出生，卻不具有靈性」。替麒麟開光，就是潔淨麒麟，為牠注入靈性。

為了讓麒麟擁有驅邪鎮妖的功效，大旗嶺村及孟公屋村的麒麟，在紮好新麒麟後，必定會為新麒麟開光。兩者的分別只在於儀式上面：大旗嶺村的開光儀式是融合了六壬道派的儀軌，而孟公屋村的，則是依循祖先傳下來的儀式去做，不涉及任何宗教成分。

黃柏仁師傅，白眉派，大旗嶺村村代表。自香港五、六十年代以來，他一直熱心於舞麒麟活動，1995年前一直在歐洲各地從事海產生意，同時向外國人推動廣舞麒麟文化。回港後亦舉辦不少大型麒麟活動，如2012年元朗區體育麒麟匯演、舉辦世界性比賽等。黃師傅本身也是六壬道派的傳法師傅，所以於麒麟開光儀式上，融入了六壬道派的手法，自成一格。

❖ 大旗嶺村黃柏仁師傅講解麒麟開光儀式。

道教式開光──大旗嶺村

黃師傅指出元朗大旗嶺村的麒麟都曾接受過特別的開光儀式。開光時，師傅會以流民三十三籲六壬鐵板正法三七教（即六壬神功）的儀軌進行。師傅會以紙扇為「法壇」，「焚香」、「念咒」、凌空手書「花字」（又稱為「秘字」）向「祖師爺」取法，把麒麟（視作為神靈的麒麟）請下去，附在該紙紮麒麟身上。

「焚香」、「念咒」、「花字」，都是師傅與「祖師爺」（該道派的先祖，一般因生前道行功德已達到極高水平，已位列仙班）溝通的暗號，通過這些暗號，「祖

師爺」確認了是門下弟子後，就會借出法力。

完成了「念咒」、「花字」後，隨即口中念誦「吾奉太上老君，急急如律令，敕」，然後師傅就會抬起左腳，使勁地踏到地上。這一句一般是會大聲念出，而念出「敕」字之時，左腳隨即踏地。此時，師傅就能與「祖師爺」接通了聯繫，擁有了「祖師爺」借出的「法力」，能召喚眾神明為其工作。而麒麟開光就是借助眾神的力量，為麒麟注入生命。

按余中哲師傅的說法，開光儀式實際有兩個作用：一是為開光之物進行潔淨，二是為開光之物加注正能量。在加注正能量到紙麒麟之前，先要請諸神潔淨它，確保沒有附有任何不好的東西。最後，才會為已潔淨的紙麒麟注入正能量，請天上的麒麟神靈附於紙麒麟之中，讓牠擁有生命。

「密咒」，又稱為「心咒」，是指師傅與其師口耳相傳的一套秘密咒語。稱為「心咒」，是因為一般「密咒」是不會念誦出聲的，只會在心裏默唸，即所謂「口律心念」。

「秘字」，又稱「花字」，則是一些特殊文字，非日常生活所見的漢字，大概是一些由不同漢字組合起來的文字。

「密咒」與「秘字」都只傳本門弟子，不外傳他人。黃師傅寫符和唸念咒這兩項舉動，正正就是在念咒其六壬道派世代傳下的密咒，而凌空手書的，也正是其師祖代代相傳的秘字。

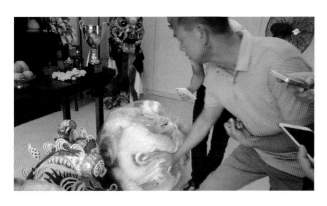

❖ 黃師傅示範開光的程序。

傳承三百年——孟公屋村

為了讓麒麟擁有驅邪鎮妖的功效，孟公屋村成

六壬道派江西龍虎山甲志和尚一脈余法鎮後人余中哲師傅認為，這個動作有其特殊意義：「一般我們身處的空間傳送訊息的能力比較弱，所以要用左腳踏地，向祖師爺發出訊號。發放「訊號」前的最後一句都是『吾奉太上老君，急急如律令，敕』，這句一般會讀出聲，『敕』字則以心念。『敕』有着命令的意思，心唸『敕』之時，隨即左腳踏地，雙指亦微微向上揚。至於為什麼要做踏地的動作而不是其他？那是因為腳掌的中心，就是氣門。『氣門』即是『氣』進入體內之門。踏地時應先以腳內側着地，再後以腳內側把『氣』緊緊包裹着，一下子一股強勁的氣則從氣門進入體內。『氣』會透過骨與骨之間傳遞，由左腳送到右手食指和中指頭，瞬間把念氣集中在兩指頭之上，配合『密咒』最後一字『敕』，指頭微微上揚，『訊號』也隨即傳送了出去。」

蘇玉師傅在紥好新麒麟後，必定會為新麒麟開光。儀式與道教開光有點類似，只是少了一些唸咒、「攞法」（向其信奉的宗派祖師領取法術）等步驟。成師傅認為「新麒麟不開光是不會靈驗的，所以一定要開光。開光即是『大放光明』的意思。」

傳統的開光儀式是大多有宗教的科儀的成分，如佛像開光時，會由僧尼灑淨佛像。而麒麟開光儀式，有時也會使用道教的儀式。元朗大旗嶺村，在進行麒麟開光儀式時，師傅會以流民三十三籲六壬鐵板正法三七教（即六壬神功）的儀軌進行。師傅會以紙扇為「法壇」，「焚香」、「念咒」、凌空手書「花字」向「祖師爺」取法，把麒麟請下去，附在該紙紥麒麟身上。

不過，部分客家村落卻純粹進行開光儀式，而不涉及任何宗教意識。孟公屋村成師傅表示：「其他村落或有其道教儀式，但我們沒有。我們是按照傳統客家做法來進行，通常每一條村都是這樣做的」。

傳統上，新麒麟要必須經過開光才可以使用。開光的日子，無須另擇吉日，隨心便可。而主持這個儀式的人，一般是族中的長老。因為長者在村裏輩分較高，受眾人尊重。有一點比較特別的，就是這儀式一定要在晚上舉行，並且必須遠離村落。客家篤信土地伯公，認為祂是守護村落的重要神祇，故麒麟開光，也會找山上的土地伯公見證。他們相信，在伯公的見證下，開了光的麒麟會更有「靈性」。也因為不想驚動土地伯公，在開光的過程中，參與者都要保持肅靜。成師傅說：「起初麒麟趴（伏）在地上，未開光之前，

麒麟是不會移動的，而我們的村民也不會出聲。一路去（上山）都不出聲的，做這個儀式時，都不出聲。」至於為什麼要挑選遠離村落的山上，成師傅則不清楚。在山上進行麒麟開光，是客家傳統習俗，相傳因為麒麟是從山上下人間，所以他們就依照這個傳說，到山上進行儀式，尋找麒麟，並請求祂顯靈。[20]

開光的祭壇上，一般都擺放有元寶、蠟燭、水果、糖果、粿等，並用香、酒、水拜祭。接着，長老會以硃砂筆（以前會用雞血）、[21]黑筆，點麒麟身體的各個部分，一邊點，口中一邊說着吉祥的話語：「麒麟開光，腳踏四方。點龍眼，點龍睛，愈點愈精神。紅筆點，黑筆填，麒麟開光萬萬年。」成師傅指，這些好兆頭說話都是口耳相傳，所以每條村落的吉祥語都稍有不同，甚至有些村落連吉祥語都不會說，只是進行「點」的儀式。成師傅說他師傅傳下的一套是這樣的：「點眼，眼放光明。點耳，耳聽八方。點鼻，分辨中邪（鼻上有紋）。點口，口食四方⋯⋯點龍背，由頭好到尾⋯⋯有耳、鼻、背等等。之後就禮成，響鑼。接着，唸完書後，就禮成」。由此可見，這套口令大抵只要符合「吉祥」與「押韻」兩個原則即可。

儀式完成後，長老會向在座者祝福，如：大吉大昌、身體健康等。然後就響鑼，再補說一句：「現在麒麟開光，麒麟一起，風生水起」。接着，又響鑼，這樣麒麟的開光儀式就完成。

開光儀式之後，他們就會請麒麟下山。成師傅謂：「接着，在山上面，向東南西北四個方向朝拜。然後，就叩青、咬青、食青，最後就可以舞回去，下山時會一路響鑼，一路回到自己祠堂。回到自己祠堂，即代表這個麒麟助陣了我們這條村。這就好意頭。這麒麟，我們就可以用了，隨時舞出來用」。麒麟「叩一顆樹（採青）」，表示「生猛」之意，並一直咬到回村。到了村大門，麒麟首先會拜土地伯公，然後到祠堂拜祖先；最後，麒麟就會成為村落的神獸，之後隨時可用，不用再次開光。

開光口訣響

不同的客家村落，有不同的開光儀式，甚至連口訣也有不同。下面就是三位

師傅的口訣：

成師傅的版本：	黃師傅的版本：	余師傅的版本：
麒麟開光，腳踏四方。 點龍眼，點龍睛，愈點愈精神。 紅筆點，黑筆填，麒麟開光萬萬年。 點龍眼…… 點耳，耳聽八方。 點龍鼻，鼻又是中間分邪。 （點鼻，分辨中邪。） 麒麟一起，風山水起。	天門開，地門開，崑山麒麟駁駁來。 一點天地動，二點日月明。中間一筆化為神。 千里眼，順風耳。 風調雨（諧音：耳）順，國（諧音：角）泰民安。 驅邪出外，引福歸堂。 大吉大利，大吉大昌，由頭好到尾。	復以點頭光，頭有萬丈光（萬丈高）。 點眼光，先點左眼，如太陽，觀見蒼海水茫茫。 又點右眼，如太陰，觀見信士得安寧。 點耳光，左耳點，右耳點…… 開光點睛，即點即應，即點即靈，點左左應，點右右應。 百無禁忌。百煞潛藏。

　　這三套口訣，都是三位師傅的師祖口耳相傳下來，所以文字內容或有出入。然而，從其中，還是可以看到一些特質。三者之間差異不少，不過卻有一些共通點。首先，「點」與「詠誦」的位置主要是五官，從眼到耳、從耳到鼻，一路順序點去。其次，一定是一些吉祥說話，讓參與儀式者，以及後來舞動麒麟者都能一同沾上福氣。最後，一如其他歌謠咒語，這些開光口訣都是押韻，於是讀起來倍覺順口。不過，這裏有一點要注意，成、黃兩位師傅的口訣都是以客家話誦讀，所以用粵語讀來，或許不太押韻。

（2）結緣舞麒麟

　　麒麟是中國傳說的一種動物，牠與龍、鳳、龜合稱為「四靈」。麒麟長相鹿身與足，頭上長角，全身麟甲，俗稱「四不象」。傳統一般指麒麟有添丁送子之吉祥寓意。例如：相傳在太平盛世時，能給積累陰德、無子嗣的人送來兒子；一些不孕婦女，若果扶着載有小孩的紙紮麒麟，在祠堂或屋裏轉一圈，便可受孕生子。[22] 除了添丁之外，麒麟還有考試高中狀元、金口玉言、驅邪說之意。[23]

　　舞麒麟是客家人的大事。他們各有自家的麒麟隊，村內的小朋友從小就要學

習舞麒麟，而一般都會由村內長老傳授。傳統的麒麟舞（客家人稱為舞麒麟），通常以農村的曬場、空地為表演場地，無需設置燈光、音響，表演時間約 30 至 45 分鐘，非常配合農村的條件。舞麒麟的動作分頭套和尾套，統稱為麒麟套，由一個男性青年舞動麒麟頭，一個男性少年牽動麒麟尾，隨着敲擊樂器奏出輕、重、緩、急的各種節奏，表現出麒麟的各種姿態動作（如舐腳、採青等）及喜怒哀樂情緒。[24] 客家人一般節儉勤樸，所以傳統舞麒麟場地、配置都比較簡單，不過，這並無礙他們情感的表達。

四、傳奇三百年──成、張的孝義故事

《圍名歌》中的《西貢六約竹枝詞集圍名（十九首）》描述了新界多條客家村落的風土人情，可以說是一幅客家人文風景照。《圍名歌》除了描寫村落裏外的景物外，更記述了不少客家村落的倫理故事，成為了村民的道德楷模。其中有兩句：「何人來接孟公屋，風物人倫亦蔚然」，講述的就是一段已歷 300 載的孝義故事。

孟公屋建村已有 300 多年歷史，是一條客家村落，村內主要是成、俞、洪、陳、劉五個大姓，共有約 1,700 人。孟公屋村位於西貢，是一條雜姓客家村落。西貢孟公屋村成氏與沙田大水坑張氏有兄弟之誼，孟公屋開基祖先成國珍與張子龍是同母異父的兄弟。每逢年初二，他們都會舞着麒麟，翻山越嶺到對方的村落拜年，以表孝義。這習俗自康熙年始至今，是一件難能可貴的事情。

成、張互拜緣

香港的客家族群大部分在清初康熙朝遷徙到香港定居。康熙皇帝為鼓勵墾荒，以贈送銀兩的方法獎勵百姓到川、湘、桂、台、粵等地遷徙。故此，清初有

大批客家人從北面的原居地移徙到香港定居。然而,因早在明朝或以前已有大批客籍百姓移民(即「本地人」)到香港,佔據了肥沃的平原,故這批清初的後來者只好改到相對貧瘠的地區落戶。成氏的祖宗——成檳元就是康熙朝定居於大埔林村的客家人。[25]

成檳元是一名商人。一次經商期間,他不幸遭逢強盜,命喪途中,其妻鄒氏只好向丈夫友人張首興求助。張首興為人仗義,讓成檳元妻小留居其家。其後,鄒氏感張首興之恩,遂以身相許,帶同幼小嫁入張家。

鄒氏在嫁入張家之前,已與成檳元育有一子,名為國珍;其後,又為張首興誕下一名兒子,名為子龍。張首興為避免亡友成檳元絕後,待國珍長大成人後,讓他恢復成姓,並義助他成家立室,遷往西貢孟公屋開枝散葉。成國珍遂成為西貢孟公屋成氏開基祖先。

成國珍為表示對張首興一家的敬意,每年農曆年初二必偕妻兒家小一同前往沙田大水坑村向張氏拜年和祭祖。這個習俗一直維持到今天不絕。據成氏麒麟隊師傅口述,他們一行人必定帶備麒麟,翻山越嶺到大水坑村。幾十年前,交通不便,往往要耗費半日時間才能到達。每逢年初二,作為哥哥的成氏一族就會到瀝源(即今日的沙田)大水坑村拜年。在公路未開通的時代,西貢對外交通只有依

❖ 成張一家親碑

山而行的山路古道。翻過山嶺之後，又要乘船到大水坑。到了上世紀90年代，大水坑村代表建議改為兩族隔年互訪。意即今年由成氏舞麒麟到訪，翌年即由張氏舞麒麟回拜。

這個故事在1992年時，由他們兩族的後人刻錄到〈成張兩族一家親碑記〉，[26] 並存放在孟公屋成氏家塾和大水坑張氏宗祠內，讓他們世世代代的後人都銘記這個故事。〈圍名歌〉短短的兩句，只十六個字，悠悠道出這300年的孝義故事。

舞麟細節考

每年年初二，成、張兩家都會舞着麒麟，到對方的村落拜年祝賀。從上世紀90年代開始，這習俗已定為「隔年互拜」，也即今年是成家向張家拜年，翌年就是張家向成家拜年。

當天，兩家人都會各自派出自己的麒麟隊，一家來訪，另一家迎接。今年，是由孟公屋村成氏派出麒麟到大水坑村張氏拜年。成氏一族在自家的祠堂拜祭過後，便辭別祖先，一同乘車到瀝源大水坑村。在交通不方便的年頭，他們必須翻山越嶺，穿越古道，走到大水坑村。

在交通發達的今天，要堅持每年舞着麒麟拜年也不容易，何況當年交通不便捷。成師傅憶述他小時候舞麒麟拜年的情況：「以前沒有交通，我們走路去，從這裏行，要走到西貢河涌上面沿『百花林』一路落到大水坑。」由於路程遙遠，去到大水坑已是下午，接着進行儀式。當所有活動都完成後，已幾近黃昏，所以孟公屋村成氏族人通常會在大水坑借宿一晚。成師傅又補充：「我們小朋友都一樣，（大水坑村）他們來到，我們的房間都會空出來讓他們兄弟住。兄弟是貴賓來的。不可以得失兄弟。所以，這個習俗就相傳到現在。」

到達大水坑村後，成氏會舞着麒麟進村，張氏也會舞着麒麟在村口迎接。當雙方麒麟碰面時，兩隻麒麟會下蹲「鬥低」，以示謙卑、尊敬之意。從旁人的眼

中，成、張兩族的麒麟十分親厚，兄弟之間相敬相愛，誰都不肯站得高過對方。麒麟會盡可能蹲下來，甚至匍伏在地下。這是兄弟情的表現，同時也是中國傳統禮節的表現。成、張兩家的麒麟舞有別於其他喜慶節日的麒麟舞，並不是為了表現雀躍和歡樂，而是表現一種感情——成、張兩兄弟之間深厚情誼。

成師傅說這一串在村口互拜的動作，非常考驗舞者的功力。首先，他一方面要演好麒麟的角色，用動作表現牠的神態，另一方面，更要透過麒麟的身體語言去表達兄弟感情。其次，這十分考驗舞者的功夫根底，紮的馬步要夠穩定、夠持久，因為下蹲和騎馬的姿勢十分考驗耐力。其三，舞者要顧及那一連串的舞蹈動作。例如「頭套」要表演麒麟梳理、舔腳、舔尾、舔身、洗臉等動作，而「尾套」就要表演麒麟尋青、聞青、試青、找青、逗青、採青、吃青、吐青等艱辛過程，表演也有麒麟降福人間，給人們帶來祝福之意。

當雙方的麒麟在村口互拜完後，就會到大水坑的祠堂，進行三拜九叩。他們一邊舞麒麟向村民拜年，一邊向大水坑祠堂出發。到了祠堂，舞麒麟進祠堂，在神明面前，麒麟要鞠躬和參拜，接着「退」出來，才「收爐」。

除了成、張兩家麒麟互拜的習俗外，香港其他客家村落仍然保留舞麒麟習俗。部分客家村落甚至擁有由本村村民組成的麒麟隊，有的縱然人手不足，也會向其他村落「借兵」。按成師傅的說法：「我的朋友的祠堂重建入伙之日時其他村落借一隊麒麟隊給我，或者借一些成員給我，身穿我村的衣服，就能代表我村」。由此可見，客家村落對麒麟隊的重視程度，就算沒有，也要借回來充撐場面。而麒麟有不同的顏色，身兼西貢坑口區傳統客家麒麟協會創會成員的成師傅表示：「（麒麟）角一定要黑色，黑角就是鐵角，鼻就青，即是青鼻，（還有）金錢背，（指的是）麒麟的背。以前師傅說過，黑角，青鼻，金錢背。」

除了新年互拜外，客家人在一些喜慶的日子，都會派出自己的麒麟隊助興，諸如婚嫁、祠堂入伙、新年等日子，都會舞麒麟助興，添個吉祥。成師傅指出：「如果新娘的娘家在附近的村落，男家就會帶着麒麟一同前往迎接新娘去。通常是麒麟在前面開路，花轎在後面跟着。而現在不用轎，改為花車；不過，既然車

就是現代的轎，我們還是要先把花車潔淨一下。麒麟會圍着花車轉一個圈，做好儀式後，才由小童去開車門。新娘出來後，麒麟會一路退，一路迎接着新娘。到了新郎的家門，麒麟才完成它的任務。這個舞麒麟儀式的意思是不要讓邪氣走入來，污染新娘，因為新娘是新入村的人，很容易受外邪入侵。情況就好像新娘要帶着紅頭巾遮蔽自己，以免惹邪氣。」

由於舞麒麟在各種場合都能派上用場，故不少村落都組成了麒麟隊。孟公屋村成氏就擁有一隊麒麟隊。每逢周末，都會由成氏長老教授功夫及舞麒麟的技術；不過，成氏長老表示隨着物資生活的發達，現在年輕一代願意舞麒麟的已經不多。為了推廣舞麒麟文化，孟公屋村與西貢的井欄樹村、馬遊塘村、茅湖仔村、田下灣村、檳榔灣村和上洋村的麒麟隊組成了一個客家麒麟文化交流會，基本上每年聚會一次。

註釋

1 篇名取材自《圍名歌 ‧ 徐本》：「遨遊偶向企嶺下，浪徑深涌一帶連」。坑口客家舞麒麟獲香港特區政府選為「表演藝術」類「非物質文化遺產」，編號為 2.4.2。

2 （東漢）鄭玄注；（唐）孔穎達疏：《禮記註疏》（《四庫全書》文淵閣本），卷 22，頁 21 下。

3 張揖《博雅》（即《廣雅》）卷十：「鹿郯（電腦無此字體，當為「鹿」旁，右邊加「郯」減其「邑」部偏旁）鹿吝（電腦無此字體，當為「鹿」旁，右邊加「吝」旁）狼題肉角，含仁懷義，音中鐘呂，步行中規，折還中榘，遊必擇土，翔必後處，不履生蟲，不折生草，不群居，不旅行，不入穽陷，不羅不網，文彰彬也。」詳見（魏）張揖：《廣雅》（《四庫全書》文淵閣本），卷 10，頁 9 下。

4 許慎《說文解字 麒》：「仁獸也。麋身牛尾，一角。從鹿其聲。渠之切。」詳見（東漢）許慎：《說文解字》（《四庫全書》文淵閣本），卷 10 上，頁 8 下。

5 許慎《說文解字 鳳》：「神鳥也。天老曰：『鳳之象也，鴻前麐後，蛇頸魚尾，鸛顙鴛思，龍文虎背，燕頷雞喙，五色備舉。出於東方君子之國，翱翔四海之外，過崑崙，飲砥柱，濯羽弱水，莫宿風穴。見則天下大安寧。』」詳見（東漢）許慎：《說文解字》（《四庫全書》文淵閣本），卷 4 上，頁 18 下。

6 （南宋）羅願：《爾雅翼》（《四庫全書》文淵閣本），卷 4，頁 14 上。

7 （南宋）朱熹：《詩經集傳》（《四庫全書》文淵閣本），卷 1，頁 9 上、下。

8 （南宋）嚴粲：《詩緝》（《四庫全書》文淵閣本），卷 1，頁 35、36。

9 「怒則分背相踶」之說，詳見（西晉）郭象：《莊子注》（《四庫全書》文淵閣本），卷 4，頁 9 上。

10 （東漢）鄭玄注；（唐）孔穎達疏：《禮記註疏》（《四庫全書》文淵閣本），卷 22，頁 21 下。

11 （東漢）許慎：《說文解字》（《四庫全書》文淵閣本），卷 10 上，頁 8 下。

12 同上注。

13 （吳）陸機：《毛詩草木鳥獸蟲魚疏》（《四庫全書》文淵閣本），卷下，頁 6 下。

14 （魏）張揖：《廣雅》（《四庫全書》文淵閣本），卷 10，頁 9 下。

15 （南宋）羅願：《爾雅翼》（《四庫全書》文淵閣本），卷 18，頁 1 下。

16 （清）陳廷敬、張玉書：《御定康熙字典》（《四庫全書》文淵閣本），卷 36，頁 9 上。

17 （清）陳廷敬、張玉書：《御定康熙字典》（《四庫全書》文淵閣本），卷 36，頁 8 下。

18 （東漢）許慎撰；（清）段玉裁注：《說文解字注》（上海：上海古籍出版社，1981 年），頁 470。

19 同上註。

20 據大旗嶺村麒麟師傅黃柏仁先生（黃柏仁師傅為六壬神功傳法師傅）說，因為麒麟是從山下下來的神獸，故開光地點都會選在遠離村落的山上，以象徵此義。

21 據余中哲師傅表示，以前會用雞血進行開光儀式，但因為那隻雞經儀式後，不能食用。為免其他人不小心吃了，他們以前是會飼養着牠。但是，現在已不能在家中飼養家禽，所以只好改用硃砂。

22 文化部藝術服務中心編著：《中國民間文化藝術之鄉建設與發展初探》（北京：中國民族攝影藝術出版社，2010 年），頁 104。

23 葉春生、羅學光主編：《中國麒麟文化》（廣州：廣東旅遊出版社，2004 年），頁 120。

24 葉春生、羅學光主編：《中國麒麟文化》，頁 123。

25 詳見第 1 章：〈客家族群和香港〉。

26 〈成張兩族一家親碑記〉現存於孟公屋村成氏家祠之內。

第 **6** 章

節慶景繁華

——圓籠茶粿 [1]

　　客家人一向以務農為生，生活簡樸，多以米飯作為主糧，配以新鮮瓜菜與醃漬的鹹菜。稻米，是客家人最重要的口糧；除了作為主食外，也會成為他們製作小吃的重要材料。其中，又以「茶粿」最為人所熟知。

　　「茶粿」一名之來源，眾說紛紜，總的來說有兩種：第一、客家人愛以它為佐茶小吃；第二、製作粿時，拌入茶或草藥的粉末。

　　這兩種說法都合理的，也是客家人食用或製作的真實描述，故此今天已無從稽考了。不過，可以知道的是，茶粿是一種最遲在南北朝時期已有的食物。

　　客家茶粿（紫色為紫薯粿；墨綠色為雞屎藤粿；金黃色為南瓜粿）

一、「粿」與「粄」字源

　　「粿」，又稱為「粄」，是一種以稻米製成的客家小吃。這兩個字由來已久，在一定程度上，反映了客家的悠長歷史。

「粿」字，早在東漢年間已有。這個最早見於東漢的《說文解字》，它的意思是「穀之善者」；所謂「穀之善者」，清代段玉裁認為是指「凡穀顆粒俱佳者」，也即是說「粿」的本義是素質最好的稻米。而《康熙字典》引用了《廣韻》、《集韻》解釋道：「又米食也。」；意思是指米製食品。至於「粄」字，不見於《說文解字》；最早見於南朝蕭梁時期的《玉篇》一書，它的意思是：「米餅」，正正就是在描述這種客家傳統小吃。按理推論，「粿」字當為這種米製小吃原始的稱呼，後來才有「粄」的叫法。不過，無論是「粿」，還是「粄」，都是指這一類以「米屑」製成的食物；而客家人正是保留這種食物的最原始稱呼。

自晉代開始，客家人經歷了一次又一次的移徙。在悠久的旅途中，「粿」一直以「口糧」的身份伴隨着客家人自北而南；它既承載着客家沉厚的歷史，也見證着他們漫長的旅程。

《說文解字》，簡稱《說文》，是東漢的經學家、文字學家許慎所撰。成書於漢和帝永元十二年（100年）到安帝建光元年（121年）。許慎根據文字的形體，創立540個部首，將9353字分別歸入540部。540部又據形系聯歸併為14大類。字典正文就按這14大類分為14篇，卷末敘目別為一篇，全書共有15篇，其中包括序目1卷。許慎在《說文解字》中系統地闡述了漢字的造字規律——六書。

《玉篇》是南朝梁顧野王所撰的一部聲韻學書體例仿《說文解字》，共分542部，講文字聲韻，疏隸變之流。

二、細說「茶粿」

「茶粿」，不知從何時起，已經成為了香港人熟悉的小吃。我們都知道這是源於客家的美食，但卻多不知道，為什麼叫「茶粿」。

1.「粿」、「粄」、「粞」

除了稱為「粿」與「粄」，這種米製小吃還有另

《荊楚歲時記》，南北朝梁宗懍所撰。書中所記之地為中國古代楚地，而所記之事為當地漢族歲時節令風物故事。全書一共37篇，記載了自元旦至除夕的24節令和習俗。

《太平御覽》是宋代一部「四大類書」，於太宗太平興國八年，由北宋李昉、李穆、徐鉉等學者奉敕編纂。書中廣採群書，並按其類集之。全書以天、地、人、事、物為序，分成五十五部，引用古書一千多種，保存了大量宋以前的已佚散於彼的文獻資料。

一個名稱——「粄」。「粄」，讀音為「板」，[2] 與「板」同音。《康熙字典》收錄了這個字：「（粄），屑米餅也。同粄。《楚歲時記》：「三月三日，取麴汁、蜜和粉，謂之龍舌，以厭時氣。麴卽耳草，俗呼茸母。《宋宗詩》茸母初生認禁煙。」《楚歲時記》是南北朝蕭梁時期的一部書籍，由此可以推論，我國早在一千五百前已經食用這種米製品。粄的形狀像「龍舌」一樣，跟現在的圓圓扁扁的茶粿差不多。

除了《楚歲時記》外，有關粄的記載還有不少。《太平御覽》卷八百五十一「粄」部就收錄了四條相關的文獻資料：

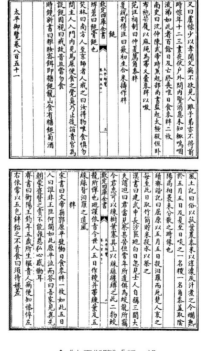

❖《太平御覽》「粄」部

（1）《宋書》曰：「文帝崩，郭原平號慟，日食麥粿一枚。」

（2）《齊書》曰：「虞悰少以孝聞。父病不欲見人，雖子弟亦不得前。時，悰年十二三，晝夜伏户外，問豎消息，未知，輒嗚咽流涕。如此者，百餘日。及亡終喪，唯日食麥粿二枚。」

（3）《南史》曰：「沈仲，陳武帝時兼起部尚書，監起太極殿。恒臥布袍芒履，以麻繩為帶，又囊麥粿以噉。」

（4）范汪《祠制》曰：「仲夏薦角黍粿。」

《宋書》、《齊書》、《南史》三本南北朝時期的史書告訴我們，粄是南北朝時期頗為流行的食物，在當時頗為常見。而且，這種食物的製作與保存十分簡便，是當時人的一種「簡餐」；故此，郭原平、虞悰、沈仲都是在沒有心情、匆忙之際下，選擇了以粄充飢。

2. 粄的藥用價值

客家先民的粄，除了能充飢外，也有藥用價值。

《楚歲時記》對「鼠麴草」藥用功效有清晰的記載。它說古人製作粄時，會加入麴汁和蜜；麴即是耳草，也即是「鼠麴草」。而粄這種因為加入了「鼠麴草」，所以有厭制時氣的作用。

明代李時珍的《本草綱目》指出，「鼠麴草」別名「鼠耳」、「佛耳草」、「無心草」、「香茅」、「黃蒿」、「茸母」，可以「和米粉」而食。因為「其花黃如麴色」，

《宋書》是記述南朝劉宋一代歷史的紀傳體史書。梁朝沈約撰，含〈本紀〉10十卷、〈志〉30卷、〈列傳〉60卷，共100卷。

《齊書》也稱為《南齊書》，作者是南朝梁人蕭子顯，它記載南朝齊政權23年的歷史，起于齊高帝蕭道成立國（479年），終於齊和帝蕭寶融被廢（502年）。全書原為60卷，《自序》一卷早已亡佚，今存59卷，有〈本紀〉8卷、〈志〉11卷、〈列傳〉40卷。

《南史》為唐朝李延壽撰，是官修正史「二十四史」之一。紀傳體，共80卷，含＜本紀＞10卷，＜列傳＞70卷，上起宋武帝劉裕永初元年（420年），下迄陳後主陳叔寶禎明三年（589年）。記載南朝宋、齊、梁、陳四國170年史事。

范汪（約308-372年），字玄平，雍州刺史范晷之孫，南陽順陽（今河南內鄉）人。他曾任職東陽太守，故又稱范東陽。在郡大興學校，甚有惠政，晚年屏居吳都。詳胐房玄齡等《晉書》：「范玄平陳謀獻策，有會時機。崧則思業該通，緝遺經於已紊。汪則風韻直亮，抗高節於將頹，揚榷而言，俱為雅士。」

《本草綱目》，明朝李時珍所著。全書一共五十二卷，收錄了藥物 1892 種，附藥圖 1000 餘幅。內容是講述藥物的性味、產地、形態、方劑配伍等資料，並載附藥方 10000 餘條。

所以才叫麴草。而「其葉形如鼠耳」，又曰「鼠耳」。大概因為花與葉的顏色與形狀，這種植物才叫做「鼠麴草」。至於它的療效，《全國中草藥匯編》有清楚的記述：「鼠麴草，甘，平。止咳平喘，降血壓，祛風濕」，能治療風濕腰腿痛，預防肝炎等。同時，書中建議以水煎煮鮮鼠麴草和紅糖，於每年初春時候服用。[3]此法正正與《楚歲時記》所載每年三月三日，即春天之時，食用以麴汁、蜜、米粉造成的粿的原理一致。

❖ 李時珍《本草綱目》「鼠麴草」條

有別於古代的茶粿，本地客家人一般都捨「鼠麴草」而用「雞屎藤」。事實上，「雞屎藤」也極具藥療價值，而且按藥典所說，該更適合用來應對嶺南的濕、熱氣候。據《全國中草藥匯編》說，「雞屎藤」又叫「雞矢藤」（古代「屎」與「矢」字相通）。它的性

味功能是「甘、微苦，平。祛風利濕，消食化積，止咳，止痛」，能治療肝炎、腸炎、痢疾等。[4] 而且，「雞屎藤」又有一個別名，叫「解暑藤」。從其藥性功能及別名可見，客家人把「雞屎藤」拌進米粉造茶粿的做法，很可能是一開始的時候，是為了應付南方的水土、氣候。再者，這種植物在南方又隨手可摘，故客家先民就地取材，以之和粉製粿。

無論是加入「鼠麴草」還是「雞屎藤」，都具有一定的保健作用。中國人講求「藥食同源」，很多時都會中藥添加到日常食品之中。茶粿帶有保健、藥療功效，很適合從北而南的客家族群用來適應水土問題。

❖ 香港野生雞屎藤

三、圓籠茶粿香

茶粿方便食用，又有保健、藥療功效，十分適合生活簡樸的客家族群，故此成為了他們日常的食物。當然，除了在日常食用外，客家人也會在節慶時製作茶粿。

客家文化研究者徐月清女士指出「客家人過年造的圓籠茶粿就是他們的年糕」，「有些客家人會用圓形的竹笢籠製作大茶粿，形狀如同客家人的圍籠屋和土

樓,所以會叫做『圓籠茶粿』。」由於這種茶粿製作過程繁複,又需要柴火蒸煮十五小時,所以已很少人會製作。

今天,仍然有一個人仍然堅持每年製作圓籠茶粿,並把這歡樂與祝福分享給周遭的每一個人。他,就是鹽田梓村的陳家傑(傑仔)。

自 6 年前起,每年的農曆年尾,傑仔在西貢鹽田梓村的祖屋,都會升起裊裊炊煙,通宿達旦。這種圓籠茶粿有別日常坊間所見的,它高約 1 呎,直徑約 2 呎,要合 2 個大漢之力才能搬動。它需要蒸上 15 小時,並要每隔 1 小時加水 1 次,方可大功告成。而剛蒸熟的茶粿還是軟綿綿的,要涼冷 1 星期左右才結實,至農曆年初一以後,與一眾鄉親分享。

1) 製茶粿的器具

在所有工序開始(搓和粉與糖等材料)之前,先要洗淨廚房的大鍋及以柴火燒開鍋中的水。鑊中會放置一個架,作用是固定茶粿,令茶粿在蒸的過程不會傾倒,同時也有隔水的功用。而盛載粉漿的器皿是由兩個竹篾籠子組合而成:外圍的籠子,竹子粗大,且排列疏落;內圍的籠子,竹子幼細,且排細緊密;兩者組合在一起,就能各取所長。

❖ 這是客家的擂米器,用來擂碎稻米的。以前,沒有現成的包裝米粉,故此需要用手工把每一顆米擂碎。擂米器的用法是:用腳踏砰米,運用槓桿原理擂米。而在擂米的口位,是稍微斜落去的,原因是當擂米時有米彈出,可以更易把米掃下去。

2） 製茶粿的原料

在鍋中水燒開之前，就需要開始準備原材料。

製作這樣一個巨型茶粿，當然需要大量材料。用傳統的度量衡單位計算，做 1 個 2 呎直徑的圓籠茶粿，需要 3 斗米。這個斗，就是以前村民用來稻米分量的一件器具。用現代的計算方法，大約是需要 20 包糯米粉和 5 包粘米粉。另外，當然還需要黑蔗糖和紅片糖。

蒸這個茶粿，要擂多少米呢？

這個茶粿又名「3 斗米」，但 1 斗米即是有多少呢？有人說是 10 升米，而據傑仔說，他家裏的斗就大約可盛載 3 升米。若倒滿 1 斗的粘米，可以有 6 點多公斤左右的重量。但粘米和糯米的重量又不同，故此斗實際容量是多少仍有待考證。

而他家裏的斗使用的木材按觀察是松木或杉木。據他說，不同的行業是有不同大小的斗。例如收米的人、地主使用的斗會比較大，因為可以徵收農民更多米，而一般農民用的斗，就會比收米的人用的較小。

3） 製茶粿的過程

首先，需要以用水煮溶蔗。一個兩呎直徑的圓籠茶粿就需要 6 包的蔗糖（又

❖ 溶煮糖漿。必須要慢火煎煮，否則很容易煮糊了。

稱黑糖）、2.5 包的紅糖，以及 6250 毫升清水。溶糖時，要一邊放糖，一邊攪動，以免糖漿沾到鍋上。這個工序看似簡單，其實也頗費心神，因為一不小心，很容易就會把糖漿煮糊了，前功盡廢。

和粉

煮好了糖漿以後，就可以開始和粉。

這裏需要 20 包糯米粉和 5 包粘米粉，並分成 5 盆，即是一盆有 4 包糯米粉和 1 包粘米粉，然後慢慢加入糖水。為什麼要分開 5 盆？因為拌和米粉並不容易，需要很大的力氣才能揉搓得動粉團，而且也得在其間憑經驗決定要加多少糖漿，所以分成 5 盆是比較方便處理。其實，這個「黃金」比例，是由無數失敗經驗打造出來的。傑仔在開始做這巨型茶粿前，曾經製作小型的茶粿，一邊做，一邊記錄，然後計算出最完美的比例，才有滑而彈牙的口感。

揉搓

揉搓茶粿時，要注意糖漿與米粉的比例，慢慢地把先前溶好的 6250 毫升糖水平均分配到五個盆中。開始時，每盆可先加入 1000 毫升的糖漿，不斷手揉搓，直至粉與糖完全結合。然後，憑經驗逐次加入糖漿。經過反覆揉搓後，米粉與糖漿應該是完美地結合了。

這時候的粉團雖然是液態，但應該是不濃也不稀的，是所謂的「流水形

❖ 剛柔並濟地揉搓粉團。五包粉加上糖漿，讓這盆粉團很難揉動。

❖ 必須揉成「流水形態」的粉漿，而且不能有粒狀粉團在裏面。

態」。測試方法很簡單，把粉漿拿上手，看會否慢慢流下來；如果是，則是成功了。切記，不可讓粉吸收了全部的水分，粉漿要稀，否則會令粉漿不夠水而變輕。糯米粉、粘米粉、糖和水分四種成分分量恰到好處，才蒸出好茶粿。

鋪紙

接下來，便是為竹篾籠子鋪上竹葉。為了防止粉漿有滲漏的情況，在鋪竹葉前會先加上一張雞皮紙，之後再鋪上竹葉以填補空隙。當茶粿蒸好的時候，便會移走雞皮紙，令外貌更好看。

鋪竹

鋪好雞皮紙後，就開始鋪上竹葉。部分人愛用蕉葉或冬葉，但傑仔這一個則按傳統的做法，選用的了竹葉。在開始鋪墊之前，必須修剪竹葉的頭（蒂部）剪去，防止弄破其他的竹葉。接着，按照竹葉「光滑面朝上，粗糙面朝下」的原則把一疊竹葉鋪在竹篾籠子的底部。做好托底的竹葉墊子後，就開始鋪墊「企身」（側邊立面）的竹葉。這裏需要用上三疊竹葉；連底部的，一共四疊，足有百餘葉。側面的竹葉不用剪頭，因為利用竹葉自身的「骨架」，讓它們可以立起來，不致塌下來。如此重複鋪上兩層竹葉即可。

❖ 鋪排竹葉，並把它們縫到籠子上。

縫針

鋪墊完側身竹葉後，就要進行「縫針」的工作。這個工序的目的是令竹葉連

在一起，葉與葉相互承托着，使它們不會輕易塌下來。這裏的針是縫米袋的針；線是用棉繩；而縫製的手法是在同一張竹葉上，一進一出，合共兩針，使它與竹篾籠子的緊密相連，也可以使側身竹葉更為挺立。

側身竹葉的高位必須要高於竹篾籠子。因為蒸煮茶粿時，粉漿會比原先膨漲一倍，故此用高於竹篾籠子的竹葉，防止粉漿溢出來。

柴火

萬事俱備後，就要到廚房加旺柴火，把大鍋內的水完全燒開，使鍋內空氣保持在一個極高的溫度。

❖ 在蒸煮圓籠茶粿期間，須預備好柴枝。而這些柴枝必須是枯燥的，才可以使用。

❖ 爐灶旁邊會放置一台電風扇，用來催旺爐火。

蒸煮

製作這巨型茶粿，每一步都要計算準確，否則只會徒耗時間與心力。在蒸煮的首個小時，必須善用時間，把柴枝都預備好。一般來說，都愛使用粗大樹幹，這樣會比較耐燃，不用擔心燒不完一小時。有些人很講究柴枝的品種，比較喜歡用荔枝柴或龍眼柴，因為愛其旺火與芬香。鹽田梓的圓籠茶粿卻沒有這般講究，柴枝木頭都是島上的樹枝製作而成，只要乾身就可以，不注重是哪一個樹木品種。

粉漿、竹篾籠子、沸水都準備好的時候，就可以進行下一步了。

　　首先，把粉漿最後再搓揉一次，然後加到竹篾籠中，再放到大鍋中蒸煮十五小時。期間，必須要每一小時便要加水一次。每次加水的分量是按照水尺的刻度——把水尺插進鍋邊，檢查它的水位是否與符合刻度所標示的。而由於加進的水是冷水，所以要同時加入柴枝以催旺火力，燒開新加的水。為了讓鍋內蒸氣不容易溢出，必須在鍋邊與竹篾籠子之間要鋪上毛巾；而在每次加水的時候，須同時弄濕毛巾，以免毛巾因過熱而着火。另外，要注意加水的時候要沿着鍋邊加，不要在鍋頂加，否則會令茶粿中心有水。

　　這時，茶粿就可以放心在鍋內蒸 15 小時，每隔 1 小時便加水 1 次。最後，15 小時後加了 15 次水，可以開鍋看看情況，若茶粿「發」（即膨漲）不起就要繼續蒸煮（茶粿高度高過竹篾籠子就表示「發起」）。在完成蒸煮之前，須預備一些「滾油」（即是煮沸的食油），然後用沾上「滾油」的匙羹，刮走茶粿表面的氣泡及水分，同時是為茶粿表面抹上一層油。最後，用匙羹在茶粿的邊緣輕力一壓，使竹葉和茶粿不會在冷涼後因收縮而拉扯到一起；而且，茶粿表面光滑，也方便日後拆卸茶粿。

❖ 每次加水的分量是按照水尺的刻度。

❖ 用匙羹在茶粿的表面抹上一層油。

防霉

完成了這個程序，須快速鋪上一層高溫膠袋在茶粿的表面，利用氣壓的原理，做到真空效果。據傑仔說，這是努力多年後想到的方法。這樣做能夠避免細菌進入茶粿，令冷涼 7 天後的茶粿發霉。[5]

雖然客家人認為茶粿「發霉」才好（客家人認為這是「好意頭」，有「發達」之意），但現代人畢竟注重衛生，所以還得小心處理好。

❖ 兩呎直徑的圓籠茶粿

防蟲

解決了發霉的問題，下一個問題就是如何應付甜點的天敵——昆蟲。以前的人雖然物資與科技知識不及現代，但也有一些傳統智慧去解決這個問題。首先，往鍋內多注點水，直到水面貼近茶粿底部。接着，藉燒着紙皮製造大量煙霧及令水稍微滾起，焗一焗茶粿。這樣做，一來做到高溫蒸氣消毒效果，二來鍋邊的水可以防止螞蟻爬進鍋中。加了水後便要蓋上鍋蓋，然後放在原位兩日。兩日後才拿出來放涼。

共享

最快 7 日後就可以切茶粿與眾同樂。一般來說，會在農曆年初三切茶粿分

派。一底不過 2 呎的「圓籠茶粿」，盛載着人與人最深厚的情誼，寄託了製作者最真摯的祝福。

❖ 年初七人日，我們在西貢墟派發茶粿給坊眾，希望把祝福傳遞給大家。

註釋

1　篇名取材自《圍名歌・徐本》:「聞道茅湖屋數家,將軍澳處景繁華」。茶粿製作技藝獲選為「傳統手工藝」類「非物質文化遺產」,編號 5.24。

2　《康熙字典》:「《廣韻》博管切《集韻》補滿切,音昄。」

3　《全國中草藥匯編》編寫組編:《全國中草藥匯編》(北京:人民衛生出版社,1996年),頁 917。

4　《全國中草藥匯編》編寫組編:《全國中草藥匯編》,頁 435-436。

5　是次由筆者等人製作的茶粿,經歷了 2 星期的存放,只有一小部分位置發霉。看來,傑仔的「妙法」頗為成功。

第 **7** 章

牽情飾野粧
——花帶和點燈 ¹

　　香港客家人是在清康熙復界時，從粵東閩南移民到港，在香港紮根已有 300
年歷史，他們的祖籍地一般是梅州市梅江區、梅縣區、五華縣、興寧市，也有少
部分來自福建和鄰近香港的惠州一帶。由於他們移民來港的時候數以萬計，建立
了數百座村莊，在人數和經濟能力上可以和本地人分庭抗禮，因此能保留客家文
化，落地生根。在這一章中，我們將重點介紹兩種幾近消失又息息相關的客家文
化遺產：花帶和花燈。

❖ 色彩斑斕和圖樣多變的客家花帶。

❖ 百多年過去了，客家風俗——點燈還是小瀝源村
的盛事。

甲、客家花帶美

花帶是香港客家服飾中，最小巧、象徵最多、又最能代表客家文化特色的。從前客家婦女的涼帽和圍裙（圍身）都會配上花帶，女子在出嫁前要學會編織，嫁妝會有織花帶的工具。據既是客家人又是客家文化研究者的徐月清女士回憶，「小時候，嫂嫂織花帶會叫我坐在旁邊小凳子上看。那時候，每逢有街坊鄉里辦喜事，赴宴的婦女們都會穿新衣服，新的圍裙，我們一班小女孩牽着手、滿場跑，去看她們的花帶，場境和諧又溫馨。」

花帶是一種繩結，而結繩記事是人類最原始的文明。在沒有文字的年代，人類會利用結繩記事，《易‧繫辭下》：「上古結繩而治，後世聖人易之以書契。」孔穎達疏：「結繩者，鄭康成注云，事大大結其繩，事小小結其繩，義或然也。」[2] 晉葛洪《抱朴子‧鈞世》：「若舟車之代步涉，文墨之改結繩，諸後作而善於前事。」[3] 隨着文字的出現，結繩為網為帶，仍在傳統漁農社會廣泛應用。而結繩加上客家人愛美重實的傳統，就成了一種充滿特色的衣飾物──客家花帶。可以說花帶代表了客家人的勤勞、手巧、聰明和不忘本，是客家婦女智慧的結晶。她們主要的人生內容，除了生兒育女之外，更重要的是做「山頭科（谷）尾、田頭地尾、灶頭鍋尾、針頭線尾」。[4]

要談客家人的花帶，我們先要了解客家人對美的看法和他們的傳統服飾。[5]

一、客服尚樸實

客家族群是一個流徙族群，他們歷經西晉永嘉之亂、東晉五胡亂華、唐末黃巢之亂、宋室南渡，中原漢族落戶到江西、廣東和福建等事件，最後在康熙復界後大規模遷移至香港。雖經常在顛沛流離中，但因為人數眾多和傳統深固，客家文化免於被其他族群完全同化。千年的移民經歷孕育了客家人勤勞節儉，勇敢耐苦的習性。在歷次遷徙中，客家先民把中原文化、人情風俗帶到了贛閩粵一帶，並與當地風情文化交融，形成了獨有的文化氣質，反映在香港客家族群的衣飾

上，多只求蔽體禦寒而不尚浮華，其特色在沈穩內斂、簡單樸素，耐看實用、不誇張、不累贅。300 年來，香港客家服飾得到了充分的傳承、發展，創造了以簡潔大方、舒適耐磨的客家服飾，成為客家傳統文化藝術寶庫。[6]

❖ 老人家穿的是客家傳統服飾，小女孩則帶上經改良的服飾。

❖ 新一代經改良的客家服飾。

　　客家服飾主要由內衣、上衣、褲子、鞋襪等幾部分組成，客家婦女的服飾還有擋風遮日的冬頭帕、用以蔽胸腹的圍裙。男裝是正面開縫，用布作紐扣，女衫比男衫稍長，開襟由領口斜向右腋，沿側縫直至下擺。其內衣多為白色，其外裝為藍色或黑色，而冬頭帕和圍裙則有由紅、綠、藍、白、黑幾種顏色的彩線交織成的條狀彩紋，為客家服飾添加色彩。

　　客家人稱衣服為「衫褲」。「衫」指上衣，「褲」指下衣。「上穿大襟衫，下穿大襠褲」，是客家人最常見的衣着打扮。大襟衫是客家人男女老少最常穿的上衣。其服裝結構的特點是：直領、斜襟、布扣、寬袖、無口袋。客家人的大襟衫

按照服裝的長度,可分為長衫、中長衫和短衫 3 類。

與上衣相關聯的,就是圍裙。客家人的圍裙裙身上及胸口,下至膝蓋,常用一塊花色耐髒的單布做成,多為客家女子勞作時穿著。嚴格說來,圍裙並不是上衣,一般不可單用,常穿於大襟衫表面,為勞作時防止弄髒衣衫而穿戴的附屬服飾。

褲是一律「大襠褲」,又寬又大,大襠褲是客家人最為常見的下衣,幾乎在各種場合下都可以看到。另接 4.5 寸闊的腰頭,腰不開口,多餘部分折疊於肚前,以帶繫住。客家人的大襠褲的特點是褲腰、褲腿均寬鬆、肥大,褲腿直筒裁剪,通風透氣,便於上撂下放。這種設計,是為了適應客家人田間勞作的需要,如果緊了,就不適於勞作時的彎腰邁腿。

傳統客家婦女平日的穿着樸素,衣料多使用棉布或麻等,因其較結實耐用。顏色以藍、黑、紅、白灰為主,而以素面最多。遇上喜慶節宴時,才穿正式的衫裙禮服。衣襟為全開式,則採寬大的形式,為上衫下褲,視需要可任意調整長短,而且腰帶可兼作為錢包。客家婦女的上衣除了大襟衫之外,還有一種稱為「褂袷」的背心,是穿在大襟衫外的無袖短衣。客家婦女的足飾是傳統的繡花鞋。以往的鞋頭是方型彎曲上翹樣式,以提醒穿着者行為謹慎、不左顧右盼。且鞋子上有「純、縫、句」3 個裝飾,具有特殊含意,因而該形制一直在農村維持了數百年,無多大變化。[7]

編製花帶這工藝已傳承了數百年,「根據一些老人講述的情況推測,大約產生於明末清初。其傳承方式

長衫亦稱長袍,因衫長至腳踝而得名,多為老年男性天冷時穿。短大襟衫與平常短衫差不多,為便於勞作,又在下擺處開小襟。中長式大襟衫的長度介於長衫與短衫之間,一般長及腿部,多在休閒時如逢年過節、走親戚、辦喜事時穿。一般來說,年輕婦女的大襟衫裝飾較多,美觀亮麗,中老年婦女的則稍為樸素、莊重。除了大襟衫之外,客家人也穿對襟衫。對襟衫與唐裝相似,在前面中間開襟,把前襟平均分為左右相對的兩襟,所以稱為「對襟」。

主要是家庭中母女、姐妹間的傳承，也有由村中技藝高超者進行傳授的。」[8] 據徐月清女士介紹，香港的客家花帶是由梅州傳入，農家女大多會織花帶，以滿足生活所需。花帶是一代代白天上山砍柴割草，下田植地，晚上點燈縫補的客家婦女的智慧結晶。徐女士說：「客家女性不但耕田斬柴，又要湊小孩，加上又有一對巧手，編織出漂亮的花帶。母親會背着小孩下田工作，母親的涼帽帶垂下來，正好給小孩玩，是一個感人的場面。」

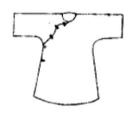

❖ 短大襟衫

❖ 中長大襟衫（黑色部分為滾邊）

男子服飾

男性大都為唐裝，有長短之分，春秋冬季穿長衫，夏季穿短衫，衫為單層、有袖。為直線裁剪，各種衣襟為全開式型態，寬大直平，便於活動，並可供家人共同穿著，反映其傳統節儉美德；褲子大都是白色的大襠褲，這適於家居、工作、外出時穿著。禮服則為長袍，外罩馬掛，男有短褂、長短棉襖之類。水褲頭即內褲，家居、工作時皆宜。客家男子穿的褲子很闊很大之「大褲管」，又稱「大褲襠」或「大褲腳」；形如現在之長褲，但褲襠無開口，且褲頭用劣布接成，因褲頭穿在裏面，男子翹鞋被衫遮住，外面看不見，亦是節儉之意。穿時，褲頭要疊成三層，疊得跟肚子一樣大小，再用褲帶繫於腰間。男子的禮服為長袍馬褂，天寒時，穿襖及褂神，襖為雙層，即裌，有袖，依長度分短襖、長襖，依質料則有棉襖、皮襖之分。短褂即背心，無袖，亦有棉、皮之別。男鞋依身份及場合不同，有布製、皮製之包鞋、拖鞋等種類。一般人穿木屐，工作時穿草鞋等。

二、花帶種類多

花帶圖案頗多，香港文化博物館和香港歷史博物館收藏了一些客家花帶，主花有上下各 5 條線、7 條線和 9 條線，9 條線的居多。5 線帶的圖案最為簡單，7 線帶已經有心連心和心心相印的花紋，到了 9 線帶圖案變得更加舒展和精緻，當中更有由波浪型的曲線演變出來的山水圖。而花帶也分涼帽帶、胸腰飾、背帶、圍裙帶、長圍身帶等，通常左邊是鈕，右邊是流蘇，有長有短。

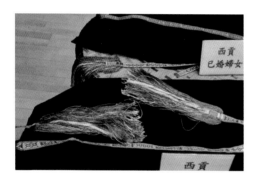

❖ 西貢已婚和未婚女子是戴不同顏色的花帶。

❖ 簡單的工具就能製出多姿多采。

1）涼帽帶

顧名思義，涼帽帶是圍着涼帽的裝飾，其實用美觀。客家婦女有戴涼帽的習俗，這習俗的起源既有西晉末年，又有北宋末年説法，兩段時期都適逢北方遊牧民族南下，中原人士避難南遷。當時南遷的婦女為方便行走，多在斗笠上罩上一塊黑布，遮掩自己的面孔。客家涼帽上的黑布有很多摺痕，摺痕數量愈多、愈密，就表示客家婦女非常重視自己的涼帽，摺痕很考功夫，又要細密，客家婦女又要兼顧家庭、田地工作，又對自己的涼帽製作一絲不苟，可見她們的勤勞。

往昔，在閩西、粵東和贛南一帶的客家婦女都戴着一種獨特而別致的涼帽，叫「涼笠」，也有的地區叫「斗笠」。通常用竹片或細竹蔑條編成帽胎。帽胎為兩個同心圓，內圓隆起，正好卡住腦殼，藏進高聳的髮髻。帽胎表面，常用竹筍

殼或油紙押上，以防雨水滲透進來。除正前方外，左、右、後方帽沿還垂掛着數塊折疊均勻、長約 16 厘米左右的布簾，遠遠望去像是一朵朵美麗的鮮花。布簾向下垂着，成為「笠披」，可以擋着直射進面部的陽光。同時「笠披」遮住了半個臉，一明一暗，戴笠的人可瞧見別人，別人卻不易看得清戴笠的人。涼帽的布簾，一般為白色、灰色、藍色或黑色。涼帽一般用於遮陽，雨天則不宜使用。2更有意思的是年輕未婚姑娘還會在垂布的兩端編織兩條五顏六色的花帶，因此花帶的顏色便成了判斷客家女性是否已出嫁的標誌。

❖ 涼帽

❖ 涼帽與花帶

2）胸腰飾

　　客家農家婦女都穿圍裙，圍裙需靠花帶固位。這圍裙在不同客地有不同樣式，有一種是從胸至腹的，另一種是只圍腹部的。前者多在贛南、閩西一帶使用，是中原圍兜的傳承；後者多在粵東，是前者的沿革，因為較方便圍包。

3）背帶

　　背帶是已為母親的客家婦人腰背之飾，客家母親的背帶具有特別的功能，老式背帶有約 2 米長、0.9 米寬的長條，長條背帶的長度和寬度形成了它特有的功用，當母親忙於做家務而無法抱娃娃時，就把娃娃用背帶拴在自己的背上，這樣既可以騰出雙手操持家務，又可以讓娃娃和母親相偎，聽到彼此的心跳聲。[10] 為了帶好孩子，客家母親在忙碌時會把孩子用圍身帶在背上幹農活或家務。花背帶拉着孩子的後背，然後向前從腋下經過，經過母親的肩膀，交叉在母親的胸前，再向後穿過母親的腋下，在孩子腳彎處打一個蝴蝶結，這樣孩子就牢牢地貼在了母親的背上，跟母親緊緊地連在了一起。母親就可以幹一些農活，不再為孩子分心。孩子也安靜地緊貼着母親，不會為母親不在身邊而哭泣吵鬧。

4）圍裙帶

　　用來捧食品招待客人的圍裙也是客家婦女頗具特色的服飾之一，通常是在婦女出嫁時連同其它嫁妝一起帶到男家，以供婚後繫上。圍裙多為黑色，繫上繡有大紅大綠，富有民間裝飾的花邊，再盤繫白亮亮的銀鏈帶，往身上一拔與蘭衫烏褲花布鞋相映，更增添了客家婦人的風采。大尾裙（圍裙）是用士林藍布製成的，四周有漂亮的花邊，其最大特點是兩裙帶終端的紅穗，最大的有 2、3 寸，闊，5、6 寸長，很像紅纓槍的花穗，在圍裙背後的交繫處即垂上兩條紅絮，走起路來一擺一擺增加幾許婀娜。[11]

三、花帶功用廣

1）點燈之用

客家男丁出生後，會舉行點燈儀式（取其諧音「丁」），花燈，又名添丁燈，這種花帶又稱花燈帶。每次點燈，村中長老會先與添丁人家共商「上燈」吉時，這時媽媽、婆婆、嫂等一家上下都會親手織一條花燈帶給剛出世的男嬰，保佑他一生平安。吉時一到，有成年男丁們便齊心協力將花燈用花燈帶懸掛在祖公廳的大樑上。在「點燈」的過程，燈會放在祠堂橫樑頂上，完成點燈後，花燈帶會用紅布包好，放在新丁身上，伴隨着他長大。一每個新丁用一條花燈帶，有多少個新丁就用多少條花燈帶，對於懸掛在祠堂廳上的客家花燈來說，花燈帶就是客家新丁的象徵，慶賀的人會高喊「高升」、「發財」、「丁財兩旺」等吉慶口號。[12]

此外，花燈帶又可代求多生子，每年元宵節，新婚婦女會到相傳保佑生子的九子聖母廟，在九子母位前，供奉餅果，並交香儀錢給廟祝，取吊着花燈的一條花燈帶。[13]

❖ 長長的花帶放在燈的中央。

2）帶孩子用

　　用來帶孩子的花帶又稱為「牛繩」，含有讓孩子「掌牛」，從小「粗生粗養」的意思，特別之處是雙面的珠粒圖案相同，不分陰陽。另外，希望麻子花帶能綁住孩子，讓他在父母身邊，健康長大，所以在小孩出生或是上燈時給他的紅包，都會纏上麻子花帶。

3）出嫁時用

　　客家女性在出嫁時都會與媽媽、嫂子一起為自己準備最少 30 條花帶，作為嫁裝之用。花帶的用途分為多種，一種是拉櫃帶，客家新娘有一個樟木盒，裏面放有兩條花帶，在出嫁時，將沒有鎖的樟木盒放在娘家的門前，由新娘的弟弟拉其中一條的花帶出來，表示不捨得姐姐出嫁，另一條則留給新娘帶到夫家，祝幸福美滿，新娘到了夫家也有面子。新娘會將花帶贈送給別人，以表祝福。此外，女方準備的帶路雞要用一條長 3 米的麻子花帶綁住雞腳，帶子兩端各繫一隻雞，並放於花籃中，客家人常把 3 米叫做 9 尺，用 9 尺的麻花帶子，是借「9」與「久」諧音，表示長久之意，希望女兒、女婿能長相廝守。

4）辨識之用

　　在香港，每一次鄉村都有自己的花帶顏色和圖案。從花帶的顏色可區分出未婚、已婚的差別，西貢、沙田傳統上已婚婦女主色調為紅色，未婚姑娘主色調為綠色。又例如大埔未婚少女的花帶是藍白色的，流蘇是白色的。以往，男青年見到戴綠或白色花

　　在嬰兒 40 天回外婆家時，就算外婆家境再窮，什麼東西都沒有，都要給一條麻子花帶讓嬰兒帶回家，讓他乖乖長大，給他帶來好運。每一年上燈時，當年生了男孩子的父親，各人都會拿上一條麻花帶子來到祖屋，然後恭恭敬敬地一條一條相駁連起來繫在即將點燃的花燈上；而花燈裏面長長的染紅的大煤油燈繩，也是由一條條麻子花帶連接成的，每一條代表一家添丁，以感謝祖先恩賜貴子。在客家人心目中，麻子花帶被視為吉祥物，在來年下燈後還將被早到的人拿來精心收藏。給小孩披上的小棉被的系帶也是麻子花帶……麻子花帶由紅、黃、白、黑等數色紗線編織而成，長約一點二米左右，寬大約從零點 2 到 0.5 釐米不等。紅黃白（或紅白）相間，中間由黑紗編成黑芝麻點狀組成的各式花紋圖案，非常精緻漂亮。

帶的，便知是未婚的少女，會以唱山歌示好。十年來，徐月清女士已整理繪製
出來的花樣已經有一百多種，「西貢的帶邊線鮮艷，多姿多彩；大埔的帶是白邊
的，素雅大方；母親是從寶安龍崗嫁到鯉魚門，她織的帶色彩濃艷。這些帶有的
每隻花上下陰陽相間，構圖嚴謹，像工筆畫；有的綠線飄逸，像寫意畫，不同風
格的帶各美其美，美不勝收。」

❖ 看花帶是哪條村女子戴的，主要看顏色和構圖，如是
白底白邊，沒有其他彩色線邊的，都是大埔的帶，藍白
是未婚女子，紅或橙等是已婚婦女，這條是上下七條線
的花帶。圖為大埔已婚婦女的花帶圖案。

❖ 荃灣關門口村已婚婦女的花帶圖案。

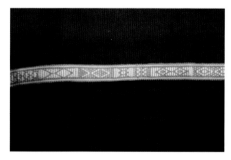

❖ 沙田排頭村已婚婦女的花帶圖案。

❖ 西貢已婚婦女的花帶圖案。

5）點綴之用

　　客家人多以耕作勞動為生，衣服的顏色多尚素色如黑色、藍色等，這些顏色

不容易弄髒，而有 2、3 條七彩的花就有點綴之用，在不張揚下盡顯女性美。

6）辟邪作用

在小孩成長的過程中，老人會在紅包內放着用花帶纏着的八卦或是夾竹桃，相傳把紅包放在小孩的床頭可以辟邪。

7）喬遷喜慶

喬遷新居，在進門時主人會提着燈，燈上用花帶紮着被紅紙捲着的蔥苗、蒜苗、柏子樹枝、長命草，寓意「帶子帶孫、聰明會算、百子千孫、長命百歲」。

四、花帶製作繁

編織客家花帶的工具很簡單，但由於是雙面織，上下兩行不可以有一針相同，錯了一針就沒有辦法織下去，所以難度比較大，如包括山和水兩組圖案的帶就有 3000 多針。

1）材料

主要就是真絲線。往昔，客家人對花帶的需求較多，例如點燈用、出嫁用，真絲線需求極大，也易於購買。[14]

2）工具

「這種手工花帶的工具簡單，是在一種木制的花帶架上進行操作編織。花帶用的線舊時是用土製棉紗線，自行紡線及染色，後來就是商店有售的棉線。」[15]

一把木梳，一將張桌子，一支木棒及不同顏色的線。

3）步驟

把線有次序地（按花帶的顏色）排放在木棒上並且有技巧地用方法纏繞着木棒及桌子，組成「8」字形相交的線組，分成上下兩排（上線及下線）。

在自己的腰間繫上一條絲巾，以用作拉緊線組。

利用「木梳」勾出上線或下線的組合，上線與下線的組合必須不同，否則會令線路出現「搭線」的現象，織不出想要的花帶圖案。假設有 8 條線，由左至右順排 1 至 8，上線使用了第 1，4，7 條線的組合，那麼下線就應勾出第 2，5，8 條線的組合（視乎所需的花帶圖案）。

織花帶時，先是在把青白的棉線分別按條數固定在花帶架上，就是所謂的經帶。以一條梅花紋的花帶為例，帶邊是兩雙棉線，帶眉是四雙棉線，中間的花紋是 20 雙棉線，然後一端固定於任何可固定的地方便可進行操作。織花帶時用「帶刀」進行操作，帶刀有拉、勾、壓等編織手法。

勾出線的組合後，用一條白線在上線及下線中間穿過，再用「木梳」拉下，把線鎖實及拉緊。重覆以上步驟，就可「織」出一條花帶。

編織工具不用太講究，可以選擇使用常見於日常生活的工具，如可以用魚把來捲線等。

每種花帶圖案都有獨特的規律。例如彎彎曲曲的山水圖案由 147、258、369 三種不斷組合、花就由 159、2468、37 組合而成。

❖ 徐月清女士即場示範花帶製作。

製作花帶的每一個針步必須小心嚴謹。在過程之中，只要上行與下行的針步重覆，就不能穿出來，不能繼續下去，只能將線全部拆掉。

織花帶最難的地方，是要雙面織，這涉及到要兼顧花帶正反面的花紋，以至花帶除了有正面的美，也有反面的美，即正反面的花紋必須要一致的，同時，虛實也要配合得當、平衡。這是因為客家婦女非常注重自己的形象，花帶編織得美輪美奐，象徵女性做事細心、一絲不苟。[16]

五、花帶意義深

花帶圖案五花八門，多是有關環境、愛情或家庭的圖案。圖案有喻吉祥、送上祝福、表達愛意、讚美山河等。婦女用花帶，織出她們追求美好生活的願望。例如心形。有些會呈現一顆心、或心連心，而特別的地方是心形以外的線條是代表孩子，以示夫妻抱着孩子的幸福美滿家庭，客家人稱之為「攬仔」，有吉祥之意。

有些花帶則會呈現一個完整的故事，例如：有一群鷹飛過兩座高山，到達有涼亭的地方，再而提起雙腳飛過三座高山，然後又飛到有江河的地方，看到一對在遊玩的鯉魚。這樣有山有海，是連連繫到「福如東海，壽比南山」的傳統觀念，同時，這種過程也代表了客家人的遷移文化，以讚美客家人為生活努力、堅毅不屈的精神。花帶花紋愈多，編織時就愈複雜，難度也提高，寓意也更豐富。「民間花帶花紋素麗，常

客家人習慣稱花帶為「帶仔」，是帶大孩子的意思，「攬仔花」要放在中間。例如新婚後第一天，到祠堂拜神，鄉里評頭品足，特別是看那條「圍身帶」、「攬仔花」的位置是否恰當。所以，那年代的客家人，家裏娶到花帶織得好的媳婦，常常被人稱讚，十分令人羨慕。

見有梅花紋和文字紋兩種最多，顯得樸素大方。手工織成的帶子非常牢固耐磨，一條帶子用上五六年也不壞。」[17]

過往客家女性不懂書寫表達自己願望，偶爾有些人會選擇唱山歌。她們透過花帶表達出自己的生活願望和祝福，其實是更高層次。譬如花帶上有山水圖案，表示祝福、長壽、深厚的愛。加上客家人十分重視婦女能否懂得花帶，必須要求她們最少學懂這門手藝，才能稱得上客家婦女。

客家花帶代表了女性的身份認同。花帶能夠反映客家婦女是多麼勤力、靜心的人，同時反映很多的品德，如聰明等。而且客家婦女所織出來的帶愈美麗，她們愈得到村裏的人的青睞和羨慕，不單對於她們是一種身份的肯定，而且成為家族的榮耀。

客家女性希望將花帶這門技藝傳承下代。由於製造客家花帶的過程需要一些特殊的工具，而且該工具靠人手一刀一刀削出來，不能用機械製造出來。不過她們願意親自上山砍柴，削出「梳子」，反映她們願意將這門技藝傳授下一代，不讓它在現代化社會下消滅，同時看得出她們十分重視人倫關係。

六、花帶來日思

編織花帶所需的技術是很基本和原始的，不需要複雜工具去幫手編織，只是用一些繩綁在桌上、木頭和自己的腰間，又或是在編織時所用的「提花」工具，只是用一些繩結成。但是編織花帶的技術卻難學也難精，全憑耐性和手巧，在今天的香港，人們能有多少耐性和時間去學會這門手藝，這是莫大的疑問。而且，隨着社會發展，在農業社會用處多多的花帶，已被更便宜和更便捷的膠繩取代。現代人已非為下田工作而穿上傳統的客家服飾，多只在一些表演時才會穿着。還有一個不為人留意的問題，就是今天織客家花帶的材料和人工，都非常昂貴，以徐月清女士其中有一條由嫂子送給她的花帶為例，線是法國入口的真絲線，價值不菲。在功用愈少、成本愈高的雙重影響下，香港的客家花帶手藝已幾近後繼無人。

有見及此，徐女士做了一系列承傳工作。「第一，我與香港歷史博物館合作，展出客家花帶，播放編花帶的片段，又推行花帶研究計劃，舉辦講座，以期薪火相傳。其次，我又嘗試將花帶商品化，改良客家花帶，轉化成為電話繩、書籤，又與旗袍融合，製成各種的工藝品和收藏品，也要打造客家的本地文化品牌，成為遊客的紀念品，推廣出去。第三，我計劃開班教授織花帶手藝。在之前的講座中，有不少讀設計的學生，表示打算將客家花帶的設計運用在他們的時裝設計理念當中，也有一位男生為了記念而故的奶奶，專誠向徐女士學編花帶。第四，我計劃收集香港各的客家花帶圖案，將圖案全部輸入了電腦，以保存下來。」

現時也有機器工廠生產花帶，但是比人手織的較劣，不能雙面見花紋，用的線也是人造線。

徐月清年少時看過長輩織花帶，近年她察覺到此傳統漸漸消失，因此向年約八十歲的表姐蔡清妹學習編織，並有系統地記錄下來。她的表姐就是 2016 年小瀝源村其中一名織花帶的人，因緣際會，徐月清與表姐一起織花帶，為花燈增添獨特色彩，同時令這文化傳統又再出現。

徐月清女士學會編織「客家花帶」，年青時讀大學建築系，測量和畫法幾何課幫了大忙。從前，客家婦女的涼帽，圍裙和男孩點燈用的花帶，都由自己編織。客家小女孩是坐在長輩身邊看，辛辛苦苦才學會的。如今發展步伐飛快，傳承了幾百年的花帶已經後繼無人，失傳的原因是沒有經濟價值，不會有人去學；沒有文字記錄和圖樣，不知從何入手。徐月清幸運地找到八十歲的表姐手把手教授操作，再把表姐寫的阿拉伯字元號，用測量採用的 X、Y 座標記錄測點位置的方法，花樣的一針就是一個測點，在方格紙上圓出效果圖，一目了然。

元宵點燈，又稱慶燈、開燈、賀燈，是中國南方一些村落在元宵節的習俗。閩南語、客家話、圍頭話等「燈」和「丁」諧音，點燈意寓添丁，向祖先稟告族中有新成員的儀式。今天，香港的本地人及客家人村落大都保留了這一習俗。

乙、元宵點燈

早在康熙版和嘉慶版《新安縣志》中，已對點燈活動有所記載：「元宵，張燈作樂。凡先年生男者，以是晚慶燈。」[18] 新界的客家鄉村都保存着這個風氣。2016 年元宵節，沙田小瀝源村的蔡氏等族人為村中新添的男丁在祠堂懸掛花燈點燈，慶祝添丁之喜，體現了客家傳統。喜慶的人群、華麗的花燈、悅目的花帶和豐盛的盆菜，在在都帶着濃濃的客家味道。

傳統上，客家人以農為業，男丁既有傳宗接代的責任，又是農村最大的生產力，故客家人向來都重視

❖ 燈下掛上吉祥物－生菜、蔥、大蒜、銅錢、芋仔、芹菜，取生財、百子千孫、聰明、富貴的諧音。

男丁的出生。舊式農村社會嬰兒夭折率高，故每逢男丁出世，要過了一百日，才為他們會舉辦一場隆重的「掛燈點燈」儀式，祝福小孩健康、快高長大。

　　蔡氏族人「掛燈點燈」的歷史悠久，每年都在農曆正月 15 日舉行。根據俗例，若男丁在舉辦之前，出生不足 100 日，便不可以參與是次儀式，會歸入下年「掛燈點燈」名單內。另外，若是年的男丁數目太少，只要經村民同意，會撥入隔年、甚至 2、3 年後的名單內，當湊齊數名男丁，才一次過舉辦。今年的「掛燈點燈」儀式，是事隔 3 年後，才為 4 名男丁舉行的，故有 4 盞花燈會懸掛在祠堂，並在村中父老見證下，舉行隆重的點燈儀式。

　　徐月清女士（左）說：「客家鄉村幾百年前，已有『開燈』這個習俗。每逢（村內）生有小朋友（男丁），超過 100 日，便會舉行點燈儀式。」

　　以往「點燈」儀式所用的燈是火水油燈，直至 1962 年沙田小瀝源一村開始供電，「點燈」儀式也有轉變，改用電力燈泡。而這「電力燈泡」也是由丁紮師傅一手處理。丁紮師傅講述：「花燈入祠堂之前，要先到村口伯公處拜神。他們去伯公拜神，要自己搬電線過去，有電力才能拜。回到來祠堂，又插回電力。」

　　新界圍村都保留點燈傳統，沙田由水叔主理，元朗區則是冒卓祺師傅。冒師傅平日多紮花炮、獅頭，元宵前紮花燈。花燈沒有特定樣式，隨師傅手藝而變，冒師傅的花燈外形設計跟水叔的有別，而元朗廈村點燈儀式亦跟小瀝源有別，近年不再設宴，限定三個花燈高掛宗祠橫樑三天，然後化燈，每年增添多少男丁，就在宗祠放多少盞油燈

❖ 92 歲的水叔接受訪問。

一、花燈製作鮮

在「點燈」儀式之前，約農曆 12 月，蔡氏會邀請吳水勝師傅紮花燈。水叔現已 92 歲，是香港紮燈技藝碩果僅存的數位師傅之一。

承傳

水叔是客家人，早輩在 200 年前已居住在小瀝源村，自爺爺那代開始以紮燈為生。水叔紮燈緣於家學。50 多年前，水叔的第一個兒子出世，便開始跟隨他的叔叔學紮燈。水叔說：「我的爸爸、叔叔、姐姐等，都識紮燈。我爸爸不讓我跟他學習，叫我跟叔叔學紮燈。」剛開始學紮燈，是幫自己兒子紮的。下一年開始，就有外人找他幫忙紮燈，漸漸名氣就傳出去了。現在沙田一帶的村民都會找水叔幫忙紮燈，小瀝源村的花燈更全是由水叔一人紮起。

水叔多次表明自己現在身體大不如前，今年是自己最後 1 年紮燈，之後便會「收山」不幹。水叔指紮燈很考耐力和細心，是體力和精神耗損極大的工作，紮 1 盞燈要連續工作 4 天，5 盞花燈就要歷時 1 個月。紮燈時，水叔混然忘我，每天工作完結時，水叔都要人扶持才能站立，腰酸背痛自不待言。

材料

紮燈前，水叔要到元朗明泰紙紮舖購買竹篾等材料，那材料只在該店獨家供應。售價方面即使較貴，如一張公仔紙 75 元，水叔依然力求完美。

紮燈

紮燈的程序是這樣的，先從底部始，再紮竹篾做燈身支架，底部呈八角形，取其諧音「發」的吉兆，此乃水叔的獨門秘技，因其他師傅只能紮四邊形，這個工序需時 2 天。之後用 2 天剪花紙，有分梅條、六耳條、八仙窗等設計，須剪得錯落有致，有的呈鋸齒狀。點燈的圖案、款式，若主人家沒有特別要求，那就全由水叔自己安排，隨心而紮。燈頭、電力也是由水叔去處理。水叔表示，在紮燈的過程，最難的工序是「粘」的部分，強調手要不粘漿糊，就非常難處理。燈的

主體部分比較容易處理，只要「度」準尺寸高度，用竹綁好各個支點，便很容易完成燈的骨架。這些手藝，沒有 10 年苦功，不容易做到。水叔的裝飾極細緻，手工極精美，遠近馳名，即使他已 90 多歲，每盞燈要費 \$5,000，[19] 比其它店貴兩倍多，仍是蔡氏族人的不二之選。

加工

　　水叔完成燈後會交予男丁的家人，他們會將花燈取回家中，再作後期的加工，也就是在花燈的頂部綁上一些吉祥的物品，取其祝福之意。如：兩棵生菜、兩條「蒜仔」、兩棵「蔥仔」、兩棵芹菜、兩隻芋頭、九塊銅錢、一對大桔。事實上，後期加工也不簡單，單是串銅錢一項，小瀝源裏只剩下兩、三個師傅懂得怎做。這些吉祥之物，取其客家的諧音，形成各種好意頭的說話，「銅錢」有「錢袋」之意，取諧音：「一代『錢』一代」，有「延續後代」之意；「芋頭」又叫「芋仔」，取諧音，是「富貴」之意；「生菜」即「生財」，是「發財」之意；「蔥仔」亦即是「聰明」；「蒜仔」即是「精打細算」之意；「芹菜」就是「勤力」之意。

❖ 以前點花燈是用火水油芯燈，全村供電後，點燈儀式便改用電燈。這裏可見燈頭通電的插頭。

❖ 花燈兩側交錯垂下的是花帶。是次花燈有 4 尺高，頂部上交錯、掛上一條 9 尺長的「客家花帶」。客家花帶本已近失傳，這次每燈各有兩條九寸長的花帶是徐月清女士和她表姐編織的，送給男丁們。花帶又有一個別名，叫「帶仔」，即是「帶大個仔」的意思，寄予了長輩對小孩子的祝福。

二、點燈過程考

1）蔡氏族人先到最德高望重的長輩家中齊集。

2）在花燈掛入祠堂前，村民會先把花燈在伯公處祭祀，並遊村一周。

伯公，即土地神，還稱大伯公、福德正神、福德老爺、土地公公、土地伯公、福德公、土地公，地主爺，土地爺、福德、土公、土地、土伯、土正、社神、社公、社官等。

土地神乃民間信仰中最普遍的神祇，屬地方保護神，是具有福德的善鬼神；凡有漢人群居住的地方就有供奉土地神，祭祀土地神即祭祀大地。

❖ 村民擔着花燈遊村。　　　　❖ 帶着 5 盞花燈，恭恭敬敬地在伯公處前拜祭。

❖ 村民準備祭祀伯公。

❖ 這次點燈儀式中的新丁們和花燈要一起見見伯公。新丁們歲數不一，大部分已過了一百天。

❖ 村民根據傳統習俗，打着鑼鼓，擔着祭品，抬着花燈，在村內遊走。

❖ 入祠堂前，5 盞花燈一字排開，頗有氣勢。

　　3）把花燈抬入祠堂，掛上後點燈，再向蔡氏祖宗靈位報告並拜祠。小瀝源的點燈儀式，流傳至今，在拜祠堂時不需有人主持儀式，各家自行拜祭，也無需作任何稟告神明的動作，只要順利地將花燈從伯公處運送到祠堂內，並安全地掛上在祖先牌匾上的橫樑上，便完成儀式。

❖ 堂內的祭品。：紅團茶粿、米通、水果、雞、豬肉等，放到祠堂內，作拜神之用。

　　4）點花燈後，村民多會設盆菜宴，招呼村民和賓客。目的是告知村長及村民，有新生嬰兒會加入成為村落一分子，名字會寫入族譜。之後男丁可享有村內權利，包括丁權，同時要擔起義務工作，如協助祭祀。花燈會在祠堂內掛 3 年。之後那年的正月 20 日，便將「花燈」取至村口「伯公處」前面火化。

5）火化舊有的花燈。在小瀝源村，花燈會高掛在祠堂或家中 3 年，然後燒掉，稱為化燈。事先準備一些祭品，作拜祭和稟告伯公之用，多是兩塊片糖、一些龍眼肉、荔枝肉、糖果等等，然後將花燈取到伯公處火化。花燈內的「九塊銅錢」、「客家農曆」和「燈頭」要保存下，還給新丁一家。

❖ 點燈儀式進行時，沒有主持人，各家自行拜祭。

❖ 火化祭祀用品。

三、花燈未來憂

2015 年，香港文化博物館展出了水叔的花燈作品。不過，小瀝源這一帶只剩下水叔一人能夠紮燈，水叔的兒子不願接這門手藝，「我的兒子沒有紮過燈。」水叔說。

對於紮燈的文化繼承問題，水叔表示，只要有人有心和願意去學，不論是否外姓人，他都會願意傳授紮燈技術給下一代，他也樂意開班授徒。水叔說：「聰明的一日就學懂了。」若果真的開班授徒，水叔會大方邀請學生到他家中實習，但水叔深怕他這代之後，紮燈手藝便後繼無人了。

註釋

1 篇名取材自《圍名歌 · 徐本》:「大埔子可值行藏,嬌女牽情飾野粧」。燈帶編織技藝獲選為「傳統手工藝」類「非物質文化遺產」,編號 5.72;沙田小瀝源村點燈獲選為「社會實踐、儀式、節慶活動」類類「非物質文化遺產」,編號 3.5.8;花燈獲選為「傳統手工藝」類「非物質文化遺產」,編號 5.41.4。

2 王弼、韓康伯注;孔穎達疏:《周易註疏》(《四庫全書》文淵閣本),卷 12,頁 12上。

3 (晉)葛洪:《抱朴子內外篇》(《四庫全書》文淵閣本),卷 3,頁 14 下。

4 郭丹、張佑周:《客家服飾文化》(福州:福建教育出版社,1995 年),頁 27。

5 胡小平等曾通過研究粵東客家服飾文化特徵,分析他們的審美特點及內涵,「指出其服飾是遵循了功能性為主導的設計意識,秉承了天人合一與以人為本的設計理念,體現出面料的經濟實用觀。」詳見胡小平、張金梅:<論粵東客家服飾對中國傳統服飾設計的啟示>,載《作家雜誌》,2013 年 1 月 1 日,頁 247 — 248。

6 郭丹、張佑周:《客家服飾文化》,頁 46-62。

7 見郭丹、張佑周:《客家服飾文化》,頁 27-36。又見馮秀珍著:《客家文化大觀(下)》(北京:經濟日報出版社,2003 年),頁 1010-1024。

8 深圳市福田區文化遺產保護領導小組辦公室編:《深圳市福田區非物質文化遺產彙編》(深圳:深圳出版發行集團,2008 年),頁 69。

9 見郭丹、張佑周:《客家服飾文化》,頁 54。

10 據客家人葉栢強回憶:「那條帶有汗味,但我捨不得洗,因為是母親的汗水養大我們兄弟姐妹。涼帽帶的兩端有彩色流鮮垂下來,作為裝飾,他還記得,小時候母親背

著外出勞動，當流蘇靠近他，會用小手抓來玩。」

11 馮秀珍著：《客家文化大觀（下）》頁 1010-1024。又見「圍身帶顧名思義就是圍裙的系帶，農家婦女人人都系圍裙勞作，圍裙系在腰間，就是為了保護衣服免受磨損。農家做圍裙的布料是一種藏藍的棉質土布，表面粗糙厚實，經得起勞作磨損。一塊粗樸的土布，裝飾上青白花紋相間的圍身帶，就顯得清新雅致了。」載於〈織帶〉，載於周吉敏：《民間絕色》（北京：中國民族攝影藝術出版社，2011 年），頁 130-134。

12 而據梅窩客家傳統，點燈之外，還有升字儀式，即是由乳名到入學讀書之名字，按族例據族譜重新改名，亦表示從今起已是成人。當「升字」儀式開始，村民打鑼响鼓和奏樂，長老叫一句口號，上梯一級，協助之村民則照和伯指示，遞交祭品給新郎及新娘拜祭，直至和伯口號叫完，上梯達至可以安字排為止，需時二至三小時，一般由晚上七時至十時才散會。大婚儀式亦告完滿。詳見甘水容、邱逸著：《梅窩百年——老村、荒牛、人》（香港：中華書局，2016 年），頁 147-148。

13 房學嘉，冷劍波，鄔觀林，宋德劍，肖文評主編：《客家河源》（廣州：華南理工大學出版社，2012 年），頁 267。

14 徐月清女士稱，今天就比較難找到線真絲線，都是人造線。

15 周吉敏：《民間絕色》，頁 130-134。

16 「一條梅花帶要花一個星期的時間才可以織成，如果織比較複雜的文字帶，就是需要半個月的時間。」周吉敏：《民間絕色》，頁 130-134。

17 周吉敏：《民間絕色》，頁 130-134。

18 劉志鵬等：《新安縣志——香港史料選》（香港：和平圖書，2007 年），頁 105、108。

19 5,000 價錢由他姐姐那一代開始定的價，到他這裏，沒有改變過。

參考文獻

專書：

1. （戰國）莊子：《莊子》，北京：北京時代華文書局，2014 年。

2. （漢）許慎撰、（清）段玉裁注：《說文解字注（第 2 版）》，上海：上海古籍出版社，1988 年。

3. （魏）王弼、韓康伯注；孔穎達疏：《周易註疏》，《四庫全書》文淵閣本。

4. （魏）張揖：《廣雅疏證》，北京：中華書局，1985 年。

5. （吳）陸璣：《毛詩草木鳥獸蟲魚疏》，北京：中華書局，1985 年。

6. （晉）葛洪：《抱朴子內外篇》，《四庫全書》文淵閣本。

7. （南朝梁）宗懍撰、宋金龍校注：《荊楚歲時記》，太原：山西人民出版社，1987 年。

8. （梁）顧野王撰：《玉篇》，上海：上海古籍出版社，1996 年。

9. （宋）王存撰；魏嵩山、王文楚點校：《元豐九域志》，北京：中華書局，1984 年。

10. （宋）李昉等撰：《太平御覽》，北京：中華書局，1960 年。

11. （宋）陸佃撰：《爾雅新義》，上海：商務印書館，1937 年。

12. （宋）羅願撰：《爾雅翼》，北京：商務印書館，1939 年。

13.（宋）嚴粲：《詩緝》，臺北：廣文書局，1983 年。

14.（元）脫脫等撰：《宋史》，北京：中華書局，1977 年。

15.（元）黃公紹、（元）熊忠著、寧忌浮整理：《古今韻會舉要》，北京：中華書局，2000 年。

16.（明）申時行等修：《明會典・萬曆朝重修本》，北京：中華書局，1989 年。

17.（明）宋應星、潘吉星譯注：《天工開物譯注》，上海：上海古籍出版社，1993 年。

18.（明）李時珍撰：《本草綱目》，太原：山西科學技術出版社，2014 年。

19.（清）屈大均：《廣東新語》，北京：中華書局，1997 年。

20.（清）張玉書等編纂：《康熙字典》，北京：中華書局，1958 年。

21.《中華成氏源流宗史》編輯委員會編：《中華成氏源流宗史（下）》，香港：《中華成氏源流宗史》編輯委員會，2005 年。

22.《全國中草藥彙編》編寫組編：《全國中草藥彙編彩色圖譜（第 2 版）》，北京：人民衛生出版社，1996。

23.《寶安文史叢書》編纂委員會編：《嘉慶新安縣志校注》，北京：中國大百科全書出版社，2006。

24. 孔永松、李小平：《客家宗族社會》，福建：福建教育出版社，1995 年。

25. 文化部藝術服務中心編著：《中國民間文化藝術之鄉建設與發展初探》，北京：中國民族攝影藝術出版社，2010 年。

26. 王仁湘、張征雁：《中國滋味：鹽與文明》，瀋陽：遼寧人民出版社，2007 年。

27. 王文章主編：《第三批國家級非物質文化遺產名錄圖典（上）》，北京：文化藝術出版社，2012 年。

28. 甘水容、邱逸：《梅窩百年——老村、荒牛、人》，香港：中華書局，2016 年。

29. 西貢區鄉事委員會、胡綽謙主編《西貢鄉文化探索》，香港：西貢區鄉事委員會，2013 年。

30. 西貢區議會文化康樂體育委員會保存及推廣西貢鄉土民謠工作小組：《西貢山歌選》，香港：西貢區議會文化康樂體育委員會保存及推廣西貢鄉土民謠工作小組，1987 年。

31. 汪毅夫：《客家民間信仰》，福建：福建教育出版社，1995 年。

32. 沙田區議會編：《沙田古今風貌》，香港：沙田政務處，1997 年。

33. 周吉敏：《民間絕色》，北京：中國民族攝影藝術出版社，2011 年。

34. 周建渝編：《城市文化與人文視野》，香港：香港中文大學香港亞太研究所，2009 年。

35. 房學嘉，冷劍波，鄔觀林，宋德劍，肖文評主編：《客家河源》，廣州：華南理工大學出版社，2012 年。

36. 邱逸、葉德平：《戰鬥在香港──抗日老兵的口述故事》，香港：中華書局，2014 年。

37. 科大衛等編：《香港碑銘彙編》，香港：香港市政局出版，1986 年。

38. 香港中文大學天主教研究中心：《鹽田仔口述歷史計劃：活在鹽田仔》，香港：香港中文大學天主教研究中心，2009 年。

39. 夏其龍：《天主作客鹽田仔：香港西貢鹽田仔百年史蹟》，香港：香港中文大學香港天主教研究中心，2010 年。

40. 夏其龍：《香港傳教歷史之族──碗窰、汀角、鹽田仔》，香港：天主教香港教區福傳年專責小組，2005 年。

41. 夏其龍著、蔡廸雲譯：《香港天主教傳教史（1841-1894）》，香港：三聯書店，2014 年。

42. 孫傑：《竹枝詞發展史》，上海：上海人民出版社，2014 年。

43. 馬木池等：《西貢歷史與風物》，香港：西貢區議會，2003 年。

44. 馬金科編：《早期香港史研究資料選輯上》，香港：香港三聯書店，1998 年。

45. 馬金科編：《早期香港史研究資料選輯下》，香港：香港三聯書店，1998 年。

46. 張衛東：《客家文化》，北京：新華出版社，1993 年。

47. 深圳市福田區文化遺產保護領導小組辦公室編：《深圳市福田區非物質文化遺產彙編》，深圳：深圳出版發行集團，2008 年。

48. 許桂香編著：《中國海洋風俗文化》，廣州：廣東經濟出版社，2013 年。

49. 郭丹、張佑周：《客家服飾文化》，福州：福建教育出版社，1995 年。

50. 陸鴻基：《從榕樹下到電腦前：香港教育的故事》，香港：進一步多媒體有限公司，2003 年。

51. 程中山選注；嶺南文庫編輯委員會、廣東中華民族文化促進會合編：《香港竹枝詞選》，廣州：廣東人民出版社，2013 年。

52. 程俊英、蔣見元注譯：《詩經》，長沙：嶽麓書社，2000 年。

53. 馮秀珍：《客家文化大觀（下）》，北京：經濟日報出版社，2003 年。

54. 楊天宇：《禮記譯注》，上海：上海古籍出版社，2004 年。

55. 葉春生、羅學光主編：《中國麒麟文化》，廣州：廣東旅遊出版社，2004 年。

56. 葉賜光：《香港西貢及其鄰近地區歌謠》，香港：香港中文大學音樂系中國音樂資料館，2012 年。

57. 劉志鵬等：《新安縣志——香港史料選》，香港：和平圖書，2007 年。

58. 劉義章編：《香港客家》，廣西：廣西師範大學出版社，2007 年。

59. 練子強等：《坑口鄉事委員會五十周年特刊》，香港：坑口鄉事委員會，2007 年。

60. 蔣明智：《中國南海民俗風情文化辨 · 嶺南沿海篇》，廣州：廣東經濟出版社，2013 年。

61. 盧瑋鑾、熊志琴編著：《雙程路‧中西文化的體驗與思考：古兆申訪談錄》，香港：牛津大學出版社，2010 年。

62. 盧嘉錫總主編、趙匡華、周嘉華著：《中國科學技術史·化學卷》，北京：科學出版
　　社，1998年。

63. 譚達先：《民間文學隨筆》，南寧：廣西人民出版社，1983年。

64. 譚達先：《論中國民間文學》，哈爾濱：黑龍江人民出版社，2003年。

65. 寶安縣地方志編纂委員會編：《寶安縣志》，廣州：廣東人民出版社，1997年。

66. 蘇頌：《圖經本草》，福建：福建科學技術出版社，1988年。

67. 饒玖才：《香港地名探索》，香港：天地圖書有限公司，1998年。

68. 饒玖才：《香港舊風物》，香港：天地圖書有限公司，2001年。

論文：

1. Lin, S.Y., "Salt Manufacture in Hong Kong", The Hong Kong Naturalist, Vol.10 No. 1（Jan.,1940）, pp. 34-39.

2. 李良品：〈竹枝詞源流考〉,《重慶教育學院學報》,第 13 卷第 4 期（2000 年 12 月）,頁 50-54。

3. 阮柔：〈戰前香港教育發展概述〉,載於陸鴻基：《中國近世的教育發展（1800-1949）》,香港：華風書局,1983 年,頁 227-237。

4. 胡小平、張金梅：〈論粵東客家服飾對中國傳統服飾設計的啟示〉,載《作家雜誌》,2013 年 1 月 1 日,頁 247-248。

5. 夏其龍：〈香港客家村落中的天主教〉,載於劉義章主編：《香港客家》,桂林：廣西師範大學出版社,2007 年,頁 165-190。

6. 廖紅雷：〈寶安古鹽場滄桑〉,《廣東史志》第 2 期（2015 年）。

7. 譚達先：〈香港民歌格律初探〉,載於段寶林、過偉、劉琦：《中外民間詩律》,北京：北京大學出版社（第 1 版）,1991 年,頁 123-145。

網頁：

1. 「消失和重生的香港客家——新竹縣世界客屬第 28 屆懇親大會紀念」：http://www.chinainperspective.com/ArtShow.aspx?AID=68972

2. 「鹽田梓村的口述歷史」。http://www.yimtintsai.com/index.php/culture/culture-history

3. 香港考學會：《香港考古概況》。http://www.hkarch.org/main/index.php/tw/academic-and-education-zh/education-zh/115-hk-archaeology-brief-zh